BOUABDELLAH TAHRI

#Boblequipechallenge

Remerciements
À Jean-Philippe Leclaire, Jérôme Cazadieu pour leur confiance.

À tous les équipiers qui ont « charbonné » pour donner vie à ce challenge :
Bernard Papon, qui fait désormais partie de la famille ;
Frédérique Galametz, Vincent Hubé pour leur mise en mots ;
Gil Baudu, Stéphane Cassier et Thomas Oliveau, team dynamique de la vidéo ;
Emmanuel Alix, Mickaël Buisson et toute l'équipe community manager du site ;
Jérôme Saporito, Marc Las et la bande de *L'Équipe du Soir* pour leur soutien ;
Alain Mounic, Jean-Philippe Bouchard, Jean-Christophe Bassignac et Laurence Gauthier pour la réalisation de cet ouvrage.

ISBN : 978-2-263-17381-3

Code éditeur : L17381

Dépôt légal : avril 2021

Imprimer par SEPEC en France - N° 04231201212

IMPRIM'VERT®

Solar un département d'Édi8
Retrouvez-nous sur www.solar.fr

BOUABDELLAH TAHRI

#Boblequipechallenge

À Aïda, ma femme, à Jenna, ma fille et à ma famille

Préface par Jean-Philippe LECLAIRE, directeur adjoint de la rédaction de *L'Équipe*

Coach Tahri, le gainage en famille

La France en était au quatrième jour de son premier confinement. Il n'était censé durer que deux semaines. C'était déjà deux semaines de trop pour les accros au jogging, running, marche, vélo, escalade ou pétanque, pratiqués à plus ou moins haut niveau. Comme tout le monde n'a pas la chance de posséder un vélo ou un rameur d'appartement, la perspective de voir ses pectoraux se dégonfler, ses abdos fondre et ses fessiers se ramollir devenait aussi proche que le mur du salon.

Circulèrent rapidement sur le net des « tutos » où des costaud(e)s instagramé(e)s proposaient en léger différé de leur vaste loft des exercices qui donnaient surtout envie de se vautrer dans son canapé en regardant *Netflix*. Conscient de sa responsabilité envers l'état physique, mais aussi mental, des Français, *L'Équipe* décidait de lancer son propre programme de (re)mise en forme. Ne manquait plus que le coach. Il ne fut pas difficile à trouver : Bouabdellah « Bob » Tahri possédait un certain nombre de qualités, parmi lesquelles son passé d'athlète, 3e des Mondiaux 2009 et vice-champion d'Europe 2010 sur 3 000 m steeple, et son présent de consultant pour la chaîne *L'Équipe*. Sans oublier un autre atout au moins aussi important : sa compagne. Aïda Touihri, journaliste et réalisatrice, était prête à assurer les prises de vues et le montage vidéo, tandis que le plus affûté de nos photographes, Bernard Papon, prenait son masque, son autorisation administrative et ses appareils pour se rendre à Nanterre et capturer les séances.

La première fut mise en ligne le 20 mars 2020 sur notre site et publiée le lendemain dans le journal. D'entrée, il fut beaucoup question du péché mignon de Bob, le gainage : « Avoir une bonne posture au départ et une respiration régulière. Se reposer sur les mains, serrer les fesses et les abdos, et se tenir droit. 30 secondes pour les débutants, 45 pour les confirmés et une minute pour les athlètes. » C'était parti pour le #Boblequipechallenge : 44 séances en cinquante jours, 344 exercices (dont le mythique donkey kick, voir exercice 5 page 29), et une centaine de bouteilles d'eau portées à bout de bras. Dans son style aussi sympathique qu'exigeant, sur son tapis bleu et devant la cheminée de son salon, coach Bob a permis à sa « famille » élargie (jusqu'à 450 000 vues sur les Facebook lives) de sortir de sa léthargie. « Merci à @btahriofficiel pour son #Boblequipechallenge, sans lui, je ne sais pas dans quel état j'aurais fini », écrivait sur Twitter un certain « Tony Truand » avant d'ajouter en PS : « Pas merci pour les squats bulgares quand même. » Bref, ce fut dur mais ça valait le coup. Même le coach a perdu trois kilos. Grâce à ce livre, le challenge reprend. Alors, prête, la famille ? On va rentrer direct dans le vif du sujet : un circuit training de huit exercices. Avoir une bonne posture et une respiration régulière... 30 secondes pour les débutants, 45 pour les confirmés et 1 minute pour les athlètes. C'est reparti !

Bouabdellah Tahri en bref

- **Champion de France de marathon**, en 2014
- **Champion de France sur 5 000 m**, en 2014
- **Champion de France du 3 000 m steeple**, en 2010
- **Vice-champion d'Europe du 3 000 m steeple**, en 2010
- **Record d'Europe du 5 000 m en salle en 13 min 11 s 13**, en 2010
- **Médaille de bronze du 3 000 m steeple aux championnats du monde**, en 2009
- **Vice-champion d'Europe en salle du 3 000 m**, en 2007 et 2009
- **Record d'Europe du 3 000 m steeple en 8 min 01s 18**, en 2009
- **Record d'Europe du 2 000 m steeple en 5 min 13s 07**, en 2010
- **Champion de France du 1 500 m**, en 2006
- **Champion d'Europe de cross par équipe**, en 2005

NIKE RUNNING

Sommaire

Le #Boblequipechallenge

Comment est né le #Boblequipechallenge ?

Lorsque le premier confinement a été décrété en France, le 16 mars 2020, on a tous mis fin soudainement à nos activités professionnelles. À titre personnel, je voyage beaucoup, au moins deux fois par semaine, je me suis retrouvé à la maison et j'ai stoppé toutes mes activités de coaching. Jean-Philippe Leclaire m'a appelé presque aussitôt pour me demander de proposer des exercices d'entraînement à la maison.
J'avais une base de 200 exercices d'entraînement et près de vingt ans d'expérience en préparation physique, j'ai alors travaillé pour composer un programme sur la base d'une séance quotidienne qui puisse convenir à tout le monde. On a tourné très vite chez moi des pastilles vidéo qu'on a proposées sur le site de *L'Équipe* et, dans le même temps, les exercices étaient détaillés dans le journal. Tout cela a duré 45 jours.

Je n'y serais jamais parvenu sans l'aide et l'expertise de ma femme, la journaliste de télévision Aïda Touihri. C'est elle qui a fait du challenge un succès. Elle a filmé, a monté les images, elle m'a coaché et m'a appris à m'exprimer clairement et naturellement devant la caméra. C'est elle qui a drivé le projet. Pour chaque séance, on commençait à filmer à 9 heures pour boucler les images avant 10 h 30. Puis elle montait toute la séquence pour qu'on puisse envoyer les images à 15 heures à *L'Équipe*. On a fait une super équipe, je bossais sur le contenu des séances et c'est elle qui s'occupait de tout l'habillage.

À l'issue de cette période, on avait un programme très complet, déclinable toute l'année, et qui permet d'améliorer sa condition physique générale, qu'on débute ou qu'on soit un sportif accompli.
L'idée générale, c'est de proposer, pour chaque séance, une gamme complète d'exercices de préparation physique générale pour ne pas se concentrer sur une seule partie du corps. J'ai dû faire évoluer les exercices que je proposais habituellement aux sportifs pros que je coache et, moi aussi, j'ai progressé (la séance #27 est vraiment dure !). M'adresser à un large public, notamment à travers la prise de parole en vidéo, m'a également appris à ne pas utiliser des termes trop techniques, à mettre de la variété dans les exos et à encourager tous ceux qui me suivaient.

Qu'est-ce que la PPG ?

Sans remonter aux origines et à la gym suédoise mise au point à la fin du XIXe siècle, la préparation physique générale (PPG) s'est développée et professionnalisée à partir des années 1980-90, d'abord aux États-Unis puis en Europe. Conçue comme socle global de l'entraînement des sportifs professionnels, elle s'est ainsi distinguée de la préparation physique spécifique, propre à chaque discipline. En se développant et en se généralisant, la PPG s'est ensuite adressée à l'ensemble des gens désireux de se mettre au sport ou d'améliorer leur condition physique.
Pour cela, les exercices de PPG permettent de renforcer l'ensemble du système musculaire, tendineux et articulaire. Le but est, à terme, de prévenir le risque de blessure grâce à un renforcement global du corps ainsi qu'à une amélioration de son équilibre.

Comment aborder le #Boblequipechallenge ?

Comme son nom l'indique, le #Boblequipechallenge est un challenge. C'est comme se lancer un défi à soi-même. Ou même à d'autres. Se lancer à plusieurs dans le #Boblequipechallenge peut constituer une bonne façon de ne pas abandonner en cours de route en donnant un côté ludique aux exercices. Cela permet de comparer les progressions, de partager les impressions, de se soutenir les uns les autres. Dans tous les cas, l'idée est de ne pas s'engager à la légère pour rester déterminé durant toute la durée du challenge.

Dedans ou dehors ?

Je suis parti du principe qu'on faisait le challenge dans son salon parce que tout le monde a un salon. On m'a posé la question de savoir si c'était mieux de le faire dehors. Aucun problème ! Vous avez le choix. Si vous préférez le faire sur votre terrasse ou sur une pelouse, parfait, vous ne perdrez rien.

Consultez un médecin

Si vous ne faites pas de sport en club et n'êtes pas déjà suivi sur le plan médical, ou si vous reprenez une activité sportive après une période d'arrêt, je vous conseille vivement de consulter un médecin avant de vous lancer dans le challenge.

Comment vous préparer ?

En principe, faire du sport à la maison ne nécessite aucune préparation particulière. Pour autant, je vous invite à installer une petite routine pour vous mettre en condition psychologique de réussir le challenge. Par exemple, si c'est possible, le lancer tous les jours à la même heure, choisir une tenue qui vous valorise ou prendre un peu de temps pour vous préparer tranquillement.

Quand j'étais athlète, le passage au vestiaire pour m'habiller me permettait d'entrer psychologiquement en mode d'entraînement. C'est comme un sas qui permet de se concentrer, de s'impliquer à fond dans la séance. C'est important ! Plus vous serez concentré, présent, motivé, plus votre séance sera efficace.

Pareil, à la fin de la séance, la période de récupération permet d'en sortir tranquillement avant de passer à autre chose.

Le matériel

Le principe du #Boblequipechallenge, c'est de pouvoir le faire à domicile et donc de ne dépendre que d'un minimum de matériel. Mieux vaut toutefois être bien installé, disposer d'un minimum d'espace pour ne pas risquer de se cogner dans un meuble et surtout pouvoir s'allonger sur un tapis de sol qui vous permettra de protéger vos lombaires mais aussi de ne pas tacher votre sol si vous transpirez beaucoup. Pour le reste, on utilisera des objets du quotidien que chacun trouve en général chez soi.

- **1 tapis**
- **4 torchons**
- **1 sac à dos**
- **1 chaise**
- **1 manche à balai**
- **débutants : 2 bouteilles d'eau de 0,5 l**
- **confirmés : 2 bouteilles d'eau de 1 l**
- **athlètes : 4 bouteilles d'eau de 1,5 l**

Vous allez vous transformer

Le #Boblequipechallenge ne fera pas de vous un Musclor en quelques jours. Ce n'est pas le propos. En revanche, il va vous permettre de progresser sur le plan physique, évidemment, mais aussi sur le plan psychologique. Vous astreindre à ce défi va renforcer votre volonté, vos capacités de concentration et, à terme, améliorer l'estime que vous vous portez. C'est toujours gratifiant de mesurer ses progrès.
Quels que soient vos objectifs, qu'il s'agisse pour vous d'améliorer un classement au tennis, de passer un cap à la course, ou tout simplement de pouvoir monter un escalier plus facilement et sans être essoufflé, vous allez progresser.
Sauf si vous entreprenez en même temps un régime spécifique, vous ne perdrez pas de poids au début du challenge. Vous prendrez même un peu de masse musculaire. La perte de poids viendra après, à condition, bien sûr, que vous conserviez une alimentation raisonnable. Votre silhouette va se transformer, vous serez moins facilement fatigué, vos capacités respiratoires vont augmenter et vos défenses immunitaires s'amélioreront.
Il ne faut pas rêver, le #Boblequipechallenge demande qu'on y consacre un peu de temps. Je vais détailler la manière de procéder dans la partie suivante mais il faut compter :

- **2 séances de 1 h 30 par semaine**
+ 1 séance de 30 min de running
+ 1 séance d'étirements pour les débutants ;

- **3 séances de 1 h 30 par semaine**
+ 1 séance de 30 min de running (ou 1 h 30 de vélo ou 1 h de marche)
+ 1 séance d'étirements pour les confirmés ;

- **3 séances de 1 h 30 par semaine**
+ l'entraînement habituel
+ 1 séance d'étirements pour les athlètes.

Il va falloir vous organiser. Ces séances ne sont pas toujours faciles à caser dans nos emplois du temps chargés. C'est engageant. Mais ça paye ! En relevant ce challenge, vous vous rendrez la vie plus facile.

Comment s'auto-évaluer ?

Pour commencer, afin de ne pas vous lancer dans quelque chose de trop difficile, le plus simple est de faire 3 fois la séance #1 de 8 exos au niveau débutant. Si vous ne souffrez pas en respectant les temps de récup' et que vous êtes assez facile pour enchaîner un tour de 8 exos supplémentaires, alors, vous pouvez passer au niveau supérieur.
Il en ira de même en cours de challenge. À partir du moment où vous enchaînerez trois séances de suite facilement en ajoutant un tour de 8 exos supplémentaires à chaque fois, vous pourrez passer au niveau supérieur.
À l'inverse, si vous avez du mal à finir la séance, allongez les temps de récup'. Responsabilisez-vous ! N'allez pas trop vite ! Ne commencez pas trop fort, vous risqueriez de vous écœurer...

Le test de la planche

Sans aller jusqu'aux 75 minutes que Didier Deschamps, le sélectionneur de l'équipe de France, peut tenir dans cette position, je pense que c'est un excellent indicateur de votre niveau de forme, de résistance et de tonicité musculaire. Je conseille de faire le test de la planche toutes les 7 séances pour mesurer votre progression.
Très simplement, vous vous installez sur les avant-bras en planche abdominale, le dos droit, bien gainé, et vous tenez le plus longtemps possible. C'est un bon test, c'est l'exercice le plus complet. À titre personnel, quand je reprenais l'entraînement après une période de vacances, je savais que je ne commencerais rien de sérieux avant d'avoir tenu à nouveau en planche pendant 15 minutes.

Les séances

Retrouvez toutes les séances en vidéo grâce aux QR codes présents en haut à droite à partir de la page 29.

Dans les pages qui suivent sont détaillées les 44 séances d'exercices du #Boblequipechallenge. Pendant le confinement, j'ai proposé une séance par jour car il n'y avait pas d'autres possibilités d'avoir une activité physique. En temps normal, je conseille d'effectuer, selon votre niveau, 2 à 3 séances par semaine + une séance d'étirements (alternez entre les 2 que je propose après les séances). Avec 1 ou 2 séances d'étirements, vos entraînements et/ou vos compétitions en club, ainsi qu'une séance de running/vélo/marche rapide, il vous restera un ou deux jours de repos. C'est nécessaire car l'organisme doit pouvoir assimiler les efforts et, surtout, vous ne devez pas tomber dans le surentraînement.

Pour chaque séance, vous devez commencer par un échauffement articulaire (exercices proposés à la fin de cette partie). Si vous pouvez ajouter une petite mise en route musculaire avec soit : 30 mn de marche ; 15 mn de course à pied ; 45 mn de vélo, ce serait parfait !

Ensuite, vous devez boucler 3 tours de 8 exercices en respectant les temps de récup'.

Au total, échauffement, running et exercices compris, cela vous prendra environ 1 h 30.

Il faut effectuer les séances dans l'ordre. Elles ne sont pas répétitives et le #Boblequipechallenge est conçu pour que l'enchaînement des séances mène à une progression. Ne le commencez donc surtout pas par la fin, les dernières séances sont beaucoup plus éprouvantes.

Imaginons que vous débutiez, à raison de deux ou trois séances par semaine, il vous faudra près de six mois avant de terminer le niveau débutant et au moins un an pour finir le challenge si vous passez au niveau supérieur à chaque fois. Le livre que vous tenez entre les mains a donc de grandes chances de devenir votre compagnon pour longtemps.

Ne négligez jamais l'échauffement et les étirements. C'est le meilleur moyen d'éviter les blessures.

Grâce à cette mise en route douce qu'est l'échauffement, que vous pouvez accompagner de quelques minutes de course lente, vos articulations et vos muscles vont se préparer à l'effort, aux répétitions de sauts ou de flexions. Le réveil musculaire est indispensable avant l'effort. C'est aussi une façon d'entrer dans sa séance, de se concentrer afin de bien maîtriser ensuite ses gestes et ses postures.

ÉCHAUFFEMENTS

1 CHEVILLES

RÉPÉTITIONS (PAR CHEVILLE) : 10 fois

Jambes tendues largeur du bassin, pieds dans l'axe. Faites un pas en arrière, posez la pointe du pied sur le sol.
10 mouvements circulaires de gauche à droite et 10 mouvements circulaires de droite à gauche. Puis alternez.

2 MOLLETS

RÉPÉTITIONS : 20 fois

Jambes tendues serrées, pieds dans l'axe, mouvement de balancier talons-pointes.

3 GENOUX

RÉPÉTITIONS (PAR CÔTÉ) : 10 fois

Jambes serrées, genoux fléchis. Posez une main sur chaque genou, puis
10 mouvements circulaires de gauche à droite et 10 mouvements circulaires de droite à gauche.

4 GENOUX

RÉPÉTITIONS : 10 fois

Jambes serrées, genoux fléchis. Posez une main sur chaque genou, puis
10 mouvements en ouverture de l'intérieur vers l'extérieur. Mettez du dynamisme.

5 CUISSES

Jambes tendues largeur du bassin, pieds dans l'axe. Montez un genou l'un après l'autre vers la poitrine, le plus haut possible avec vos mains qui tiennent le genou, puis changez de jambe.

RÉPÉTITIONS (PAR JAMBE) : 10 fois

6 HAUT DES CUISSES

Jambes tendues largeur du bassin, pieds dans l'axe. 5 mouvements talon-fesse pour chaque jambe en tendant le bras opposé vers le haut.

RÉPÉTITIONS (PAR JAMBE) : 5 fois

7 BASSIN

Jambes tendues largeur du bassin, pieds dans l'axe, mains sur les hanches. 10 mouvements circulaires de gauche à droite, puis de droite à gauche.

RÉPÉTITIONS (PAR CÔTÉ) : 10 fois

ÉCHAUFFEMENTS

8 HANCHES ET ADDUCTEURS

RÉPÉTITIONS (PAR CÔTÉ) : 5 fois

Jambes tendues largeur du bassin, pieds dans l'axe. Montez le genou pour un mouvement circulaire vers l'arrière, puis ramenez la jambe dans l'axe. Changez de jambe.

9 HANCHES ET ADDUCTEURS

RÉPÉTITIONS (PAR CÔTÉ) : 5 fois

Jambes tendues largeur du bassin, pieds dans l'axe. Montez le genou et ouvrez-le vers l'extérieur, puis ramenez-le dans l'axe. Changez de jambe.

10 ISCHIO-JAMBIERS

Jambes tendues largeur du bassin, pieds dans l'axe. Lancez une jambe vers le haut, main opposée sur la pointe du pied. Changez de jambe.

RÉPÉTITIONS (PAR CÔTÉ) : 10 fois

11 POIGNETS

Jambes tendues largeur du bassin, pieds dans l'axe, dos droit. Coudes pliés à hauteur de la poitrine, mains l'une sur l'autre. Appuyez vos doigts de la main gauche en relevant la paume dans la paume de la main droite, puis basculez le poignet gauche vers le bas, la main droite reste appuyée sur la main gauche. Puis changez de poignet.

RÉPÉTITIONS (PAR CÔTÉ) : 10 fois

12 MAINS

RÉPÉTITIONS (PAR CÔTÉ) : 5 fois

Jambes tendues largeur du bassin, pieds dans l'axe, dos droit. Tendez les bras devant vous doigts joints, paumes vers l'extérieur. Ramenez les mains vers le buste et recommencez.

13 TRICEPS

RÉPÉTITIONS (PAR CÔTÉ) : 5 fois

Jambes tendues largeur du bassin, pieds dans l'axe, dos droit. Bras gauche tendu devant vous, ramenez-le vers la poitrine, main droite sur le coude gauche pour approcher le bras le plus possible de la poitrine. Changez de bras.

14 ÉPAULES

RÉPÉTITIONS (PAR CÔTÉ) : 10 fois

Jambes tendues largeur du bassin, pieds dans l'axe. Effectuez une rotation à gauche, bras gauche tendu vers l'arrière en posant votre main droite sur le pectoral gauche. Alternez les 5 mouvements par côté.

15 PECTORAUX

Jambes tendues largeur du bassin, pieds dans l'axe, bras tendus en ouverture parallèles au sol. Ramenez les mains sur l'épaule opposée en alternant le croisement des bras dessus-dessous.

RÉPÉTITIONS (PAR CÔTÉ) : 5 fois

16 PECTORAUX

RÉPÉTITIONS (PAR CÔTÉ) : 5 fois

Jambes tendues largeur du bassin, pieds dans l'axe, bras tendus en ouverture parallèles au sol. Ramenez les mains sur l'épaule opposée en alternant le croisement des bras dessus-dessous.

ÉCHAUFFEMENTS

17 ÉPAULES ET BRAS

RÉPÉTITIONS (PAR CÔTÉ) : 5 fois

Jambes tendues largeur du bassin, pieds dans l'axe, bras tendus le long du corps. Posez la main droite sur le pectoral gauche et effectuez 5 mouvements circulaires de l'arrière vers l'avant avec le bras gauche tendu. Changez de bras.

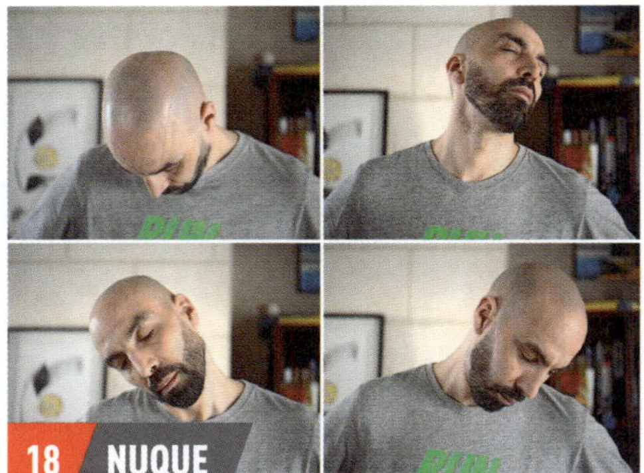

18 NUQUE

RÉPÉTITIONS (PAR CÔTÉ) : 5 fois

Jambes tendues largeur du bassin, pieds dans l'axe, bras tendus le long du corps, les yeux fermés. Descendez le menton vers la poitrine, puis effectuez 5 mouvements circulaires de droite à gauche et ensuite de gauche à droite.

19 ÉPAULES ET BRAS

Effectuez 30 montées de genoux de faible amplitude dans un rythme progressif, coordonnez les bras.

RÉPÉTITIONS : 30 fois

20 TALONS-FESSES

Jambes tendues largeur du bassin, pieds dans l'axe, dos des mains sur les fesses. Effectuez 10 talon-fesse dans un rythme progressif, puis changez de jambe.

RÉPÉTITIONS (PAR JAMBE) : 10 fois

21 SAUTS PIEDS JOINTS

RÉPÉTITIONS : 15 fois

Effectuez 15 sauts pieds joints, jambes tendues dans un rythme dynamique. Relevez les pointes de pied en suspension.

22 PETITES FENTES

RÉPÉTITIONS : 15 fois

Effectuez 20 fentes de faible amplitude, toujours sur la pointe des pieds.

SÉANCE #01

" Renforcement global : pour cette première séance, appliquez-vous à bien réaliser les exercices, quitte à les répéter très lentement avant de commencer. "

1 ABDOMINAUX

RÉPÉTITIONS : • 20 fois • 30 fois • 40 fois

Commencez par un petit échauffement musculaire de 1 à 2 mn. Puis passez à l'exercice : allongé sur le dos, montez les omoplates en gardant les mains sur les genoux. Continuez à un rythme lent.

2 DORSAUX

RÉPÉTITIONS : • 20 fois • 30 fois • 40 fois

Récupérez 30 s après l'exercice précédent. Une fois à plat ventre, placez les mains sous le menton et relevez le buste en arrière, avec la tête qui reste dans l'alignement de la colonne.

3 GAINAGE

DURÉE : • 30 s • 45 s • 1 mn

Très important : ayez une bonne posture au départ et gardez une respiration régulière. Posez-vous sur les avant-bras, serrer les fesses et les abdos et tenez-vous droit.

4 QUADRICEPS

DURÉE : • 20 s • 30 s • 40 s

C'est l'exercice de la chaise. Mettez-vous bien le long du mur puis descendez pour que les cuisses soient à 90° du mur. Contractez les cuisses et tenir.

COMMENTAIRES :

• Débutants • Confirmés • Athlètes
RÉCUPÉRATION : 30 s entre les exercices

Retrouvez cette séance en vidéo sur www.lequipe.fr ou en scannant ce QR code.

5 FESSIERS

RÉP. (PAR JAMBE) : • 10 fois • 15 fois • 20 fois

Appelé le « donkey kick », cet exercice se fait bras tendus. La jambe part comme un coup de pied arrière. Tenir 1 s.

6 ISCHIOS-JAMBIERS

RÉPÉTITIONS : • 10 fois • 15 fois • 20 fois

Le « hip thrust ». Couché sur le dos, jambes repliées, pieds à la largeur des épaules et à plat sur le sol. Soulevez les hanches de 15 à 20 cm du sol. Comptez 1 s sans bloquer la respiration et redescendre 1 s.

7 TRICEPS

RÉPÉTITIONS : • 20 fois • 30 fois • 40 fois

Écartez les mains à largeur d'épaules, les jambes pliées et serrées, les fesses dans le vide. Baissez-les doucement en fléchissant les bras. Arrêtez-vous les bras parallèles au sol et remontez.

8 BICEPS

RÉP. (PAR BRAS) : • 10 fois • 15 fois • 20 fois

Droit, les bras collés près du corps, pliez les coudes l'un après l'autre jusqu'à ce que les mains touchent les épaules. Expirez dans l'effort. 10, 15 et 20 fois avec chaque bras, avec des bouteilles de 1,5 l (tous niveaux). Récupération de 3 mn.

NOTEZ LA QUALITÉ DE VOTRE SÉANCE : 1 ☐ 2 ☐ 3 ☐ 4 ☐ 5 ☐

DATE : / /

SÉANCE #02

“ Commencez où vous êtes, utilisez ce que vous avez, faites ce que vous pouvez... ”

1 ABDOMINAUX OBLIQUES

RÉP. (PAR CÔTÉ) : • 15 fois • 20 fois • 30 fois

Après l'échauffement musculaire de 1 à 2 mn, passez à l'exercice : pieds ramenés près des fesses, tête posée puis à relever en se contractant et en glissant les mains le long de la chaussure.

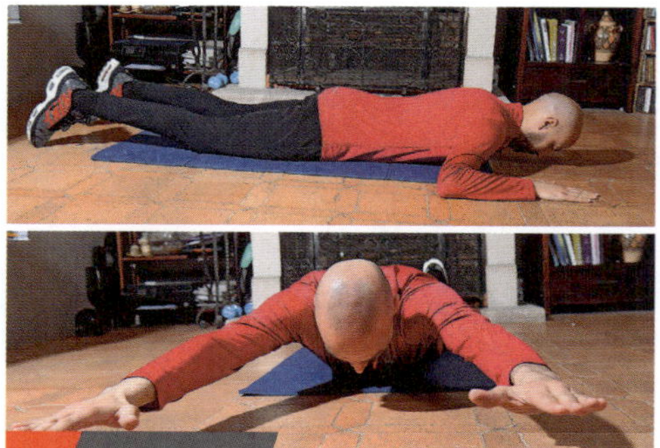

2 DORSAUX

RÉPÉTITIONS : • 10 fois • 15 fois • 20 fois

Récupérez 30 s après l'exercice précédent. Mettez-vous à plat ventre, jambes au sol, paumes des mains devant la tête. Levez les paumes et allez chercher bras tendus devant.

3 GAINAGE LATÉRAL

DURÉE : • 20 s • 30 s • 45 s

Mettez-vous sur le côté et appuyez-vous sur l'avant-bras. Il faut un alignement entre les jambes et le buste, la main opposée sert pour équilibrer. Puis passez à l'autre côté.

4 PECTORAUX

RÉPÉTITIONS : • 10 fois • 15 fois • 20 fois

Écartez les mains un peu plus que la largeur des épaules. Pliez les jambes puis descendez le haut du corps et remontez. Le plus important : ne pas trop creuser le dos et bien rentrer le ventre.

COMMENTAIRES :

CIRCUIT À RÉPÉTER : • 2 fois pour les débutants • 3 fois pour les confirmés • 4 fois pour les athlètes
RÉCUPÉRATION : 30 s entre les exercices, 3 mn entre chaque circuit

5 MOLLETS

MONTÉES : • 10 fois • 15 fois • 20 fois

Placez-vous droit face à un pan de mur, les pieds alignés. L'objectif : montez sur la pointe des pieds pendant 1 s et redescendez.

6 BRAS

RÉPÉTITIONS : • 15 fois • 20 fois • 25 fois

Prenez deux bouteilles d'eau de 1,5 l, tendez les bras devant vous puis écartez-les, toujours bras tendus. Ensuite, revenez les bras devant. Concentrez-vous aussi sur la respiration.

7 FESSIERS

MONTÉES : • 10 fois • 15 fois • 20 fois

Ayez toujours les bras et les jambes tendus. Faites une extension de hanche en balançant en arrière la jambe. Pensez à garder le dos bien droit. Changez de bras.

8 QUADRICEPS

RÉPÉTITIONS : • 10 fois • 15 fois • 20 fois

C'est le squat. Mettez les pieds devant la chaise, joignez les mains, regardez devant vous. L'objectif est de toucher la chaise avec les fesses sans s'asseoir et de remonter. L'appui doit être très bref.

NOTEZ LA QUALITÉ DE VOTRE SÉANCE : 1 ☐ 2 ☐ 3 ☐ 4 ☐ 5 ☐ DATE : / /

SÉANCE #03

“Votre motivation vous sert de départ, l'habitude vous fait continuer.”

1 ABDOMINAUX

RÉPÉTITIONS : • 10 fois • 15 fois • 20 fois

Jambes fléchies, bras tendus entre les cuisses, montez les omoplates et le buste en même temps.

2 DORSAUX

RÉPÉTITIONS : • 10 fois • 15 fois • 20 fois

Allongez-vous. Alternez bras tendus devant puis derrière. Gardez les bras bien tendus et relevez le buste en gardant toujours les pieds au sol.

3 GAINAGE

DURÉE : • 30 s • 45 s • 1 mn

Là encore, gardez les bras tendus. N'oubliez surtout pas de contracter les fessiers et les abdos et d'avoir une bonne posture.

4 FESSIERS-ISCHIOS-JAMBIERS

RÉP. (PAR JAMBE) : • 5 fois • 10 fois • 15 fois

Allongé sur le dos, soulevez les fesses, tendez une jambe pendant 1 s avant de la reposer. Puis changez de jambe.

COMMENTAIRES :

CIRCUIT À RÉPÉTER : • 2 fois pour les débutants • 3 fois pour les confirmés • 4 fois pour les athlètes
RÉCUPÉRATION : 30 s entre les exercices, 3 mn entre chaque circuit

5 TRICEPS

RÉPÉTITIONS : • 5 fois • 10 fois • 15 fois

Bras sur une chaise, jambes tendues, descendez, sortez les coudes et remontez jusqu'à avoir les bras tendus.

6 FESSIERS

RÉP. (PAR JAMBE) : • 10 fois • 15 fois • 20 fois

À genoux, bras tendus, ouvrez la jambe sur le côté, comme lorsqu'un chien fait pipi.

7 TRICEPS

RÉPÉTITIONS : • 10 fois • 15 fois • 20 fois

Avec 2 bouteilles d'eau à l'envers (1,5 l pour tous niveaux). L'une reste le long du corps, l'autre est placée derrière soi et montez-la bras tendu, tout en étant aligné.

8 CUISSES-ISCHIOS-JAMBIERS

RÉPÉTITIONS : • 10 fois • 15 fois • 20 fois

Mains sur les hanches, faites un pas en avant. Avec la jambe opposée, ayez un appui bref au sol et revenez.

NOTEZ LA QUALITÉ DE VOTRE SÉANCE : 1 ☐ 2 ☐ 3 ☐ 4 ☐ 5 ☐

DATE : / /

SÉANCE #04

“ Le mauvais entraînement, c’est celui qu’on ne fait pas.”

1 ABDOMINAUX

RÉPÉTITIONS : • 10 fois • 15 fois • 20 fois

Tête relevée, main droite tendue, pliez votre jambe droite sur la gauche et avec le coude gauche plié, touchez le genou droit.

2 DORSAUX

BATTEMENTS : • 30 fois • 40 fois • 50 fois

À plat ventre, bras tendus, pieds au sol, levez les bras tendus à 10 cm du sol et faites des battements réguliers.

3 GAINAGE

TOUCHES : • 10 fois • 15 fois • 20 fois

Bras et jambes tendus, touchez l’épaule gauche avec la main droite et inversement. N’oubliez surtout pas de contracter les fessiers et les abdos.

4 QUADRICEPS-MOLLETS

MONTÉES (PAR JAMBE) : • 5 fois • 10 fois • 15 fois

Montez sur la chaise et poussez avec la jambe droite (la cuisse travaille).
La gauche (où le mollet travaille) doit rester bien tendue.

COMMENTAIRES :

CIRCUIT À RÉPÉTER : • 2 fois pour les débutants • 3 fois pour les confirmés • 4 fois pour les athlètes
RÉCUPÉRATION : 30 s entre les exercices, 3 mn entre chaque circuit

5 MOLLETS

POUSSÉES : • 10 fois • 15 fois • 20 fois

Mains sur le mur, bras et jambes tendus, talons au sol, fessiers contractés, levez les pieds et poussez sur les mollets jusqu'aux orteils.

6 BRAS-PECTORAUX

POMPES : • 5 fois • 10 fois • 15 fois

Bras tendus dans l'alignement des épaules, jambes tendues, fessiers contractés, bassin rentré, vous descendez à moitié et remontez.

7 ISCHIOS-JAMBIERS

RÉPÉTITIONS : • 5 fois • 10 fois • 15 fois

Avec une télécommande au sol comme repère, mains sur les hanches, faites un pas en arrière, touchez brièvement le sol avec le genou et revenez.

8 FESSIERS

RÉP. (PAR CÔTÉ) : • 15 fois • 20 fois • 25 fois

Allongé sur le côté, bras droit plié au sol, main sur la hanche gauche, montez la jambe droite toujours tendue.

NOTEZ LA QUALITÉ DE VOTRE SÉANCE : 1 ☐ 2 ☐ 3 ☐ 4 ☐ 5 ☐ DATE : / /

SÉANCE #05

“ La vie est faite de hauts et de bas, on appelle ça les squats. ”

1 ABDOMINAUX

RÉPÉTITIONS : • 10 fois • 15 fois • 20 fois

Allongé sur le dos, ramenez les jambes, tenez la bouteille d'eau à l'horizontale et montez-la, bras tendus. Les pieds ne bougent pas.

2 DORSAUX

RÉPÉTITIONS : • 10 fois • 15 fois • 20 fois

À plat ventre, les mains au sol, jambes tendues... et vous montez.
Contractez les fessiers en même temps que vous montez.

3 GAINAGE DORSAL

DURÉE : • 20 s • 30 s • 40 s

Allongé sur le dos, montez le bassin, contractez les ischios et regardez en l'air, vers le plafond.

4 BRAS

DURÉE : • 20 s • 30 s • 45 s

Mettez 2 bouteilles d'eau (1,5 l tous niveaux) à l'envers devant vous et tendez bien les bras. Regardez droit devant vous.

COMMENTAIRES :

CIRCUIT À RÉPÉTER : • 2 fois pour les débutants • 3 fois pour les confirmés • 4 fois pour les athlètes
RÉCUPÉRATION : 30 s entre les exercices, 3 mn entre chaque circuit

5 QUADRICEPS

RÉPÉTITIONS : • 20 fois • 30 fois • 40 fois

Posez un manche à balai derrière le cou, mains à l'équilibre, pieds dans l'alignement du bassin, dos droit, descendez. Mettez 2 s pour descendre, 1 pour remonter.

6 ISCHIOS-JAMBIERS

RÉPÉTITIONS : • 15 fois • 20 fois • 25 fois

Gardez la même position. Descendez le buste en restant bien droit. La sensation d'étirement est normale. Comptez 2 s pour descendre et 2 s pour remonter.

7 ADDUCTEURS

RÉP. (PAR JAMBE) : • 10 fois • 15 fois • 20 fois

Pieds parallèles, mains sur les hanches, montez le genou et allez chercher sur le côté. N'allez pas trop loin, modérez votre effort.

8 CUISSES

RÉP. (PAR JAMBE) : • 5 fois • 10 fois • 15 fois

Droit devant la chaise, comptez 2 pas. Sur le 3e, placez la jambe droite sur la chaise et les mains sur les hanches. Regardez droit devant. Descendez et remontez jambe bien tendue.

NOTEZ LA QUALITÉ DE VOTRE SÉANCE : 1 2 3 4 5 DATE : / /

SÉANCE #06

"Chaque réussite commence avec la volonté d'essayer."

1 ABDOMINAUX OBLIQUES

RÉP. (PAR CÔTÉ) : • 10 fois • 10 fois • 15 fois

Talons au sol, assis, joignez les mains et faites des twists de gauche à droite. Pour les débutants, les pieds restent au sol, pour les confirmés et les athlètes, il faut les relever. Ne croisez pas les pieds, gardez-les parallèles.

2 DORSAUX

RÉPÉTITIONS : • 10 fois • 15 fois • 20 fois

À plat ventre, bras en Y, paumes des mains au sol comme les pieds. Montez les bras tendus à 10 cm du sol.

3 GAINAGE

MONTÉES : • 5 fois • 10 fois • 15 fois

Coudes et pieds au sol, descendez le bassin. Montez sur les bras en finissant bras tendus avant de redescendre.

4 FESSIERS

RÉPÉTITIONS : • 10 fois • 15 fois • 20 fois

Bras tendus vers l'arrière. Ressortez le bassin puis descendez et touchez brièvement le sol. Quand vous êtes en haut, contractez les fessiers et expirez.

COMMENTAIRES :

CIRCUIT À RÉPÉTER : • 2 fois pour les débutants • 3 fois pour les confirmés • 4 fois pour les athlètes
RÉCUPÉRATION : 30 s entre les exercices, 3 mn entre chaque circuit

5 QUADRICEPS

RÉP. (PAR JAMBE) : • 5 fois • 10 fois • 15 fois

Mains sur les hanches, jambe droite pliée, la gauche derrière. Descendez et touchez brièvement le sol en poussant bien sur la jambe avant et en tendant l'arrière.

6 BRAS

RÉPÉTITIONS : • 10 fois • 15 fois • 20 fois

Écartez les jambes, montez le manche à balai jusqu'en haut en inspirant et en gardant les bras tendus. Expirez en redescendant.

7 MOLLETS

MONTÉES : • 20 fois • 25 fois • 30 fois

Manche à balai sur la nuque, mains bien écartées, pieds dans l'alignement du bassin, montez 1 s sur la pointe des pieds et redescendez.

8 QUADRICEPS

RÉP. (PAR JAMBE) : • 5 fois • 10 fois • 15 fois

Mains sur les hanches, accomplissez une fente avant suivie d'une fente arrière. Votre genou touche brièvement le sol.

NOTEZ LA QUALITÉ DE VOTRE SÉANCE : 1 ☐ 2 ☐ 3 ☐ 4 ☐ 5 ☐ DATE : / /

SÉANCE #07

" Peu importe votre vitesse lors des exos, vous allez toujours plus vite que celui qui reste dans son canapé. "

1 ABDOMINAUX

RÉPÉTITIONS : • 10 fois • 15 fois • 20 fois

Sur le dos, jambes pliées, bras tendus le long du corps. Avec les bras toujours tendus, allez chercher devant en glissant le long de la chaussure, le plus loin possible.

2 DORSAUX

RÉPÉTITIONS : • 10 fois • 15 fois • 20 fois

À plat ventre, les mains sous le menton, montez les bras et les jambes en même temps.

3 GAINAGE LATÉRAL

DURÉE (PAR CÔTÉ) : • 20 s • 30 s • 45 s

Allongez-vous sur le côté, avec un alignement jambes, bassin et buste. Faites des petits mouvements, avec un appui sur l'avant-bras droit et la main sur la hanche gauche. Puis changez de côté.

4 FESSIERS-ISCHIOS-JAMBIERS

RÉP. (PAR JAMBE) : • 5 fois • 10 fois • 15 fois

Mettez-vous à quatre pattes, mains et genoux au sol et donnez un grand coup de pied en arrière, la jambe pliée.

COMMENTAIRES :

CIRCUIT À RÉPÉTER : • 2 fois pour les débutants • 3 fois pour les confirmés • 4 fois pour les athlètes
RÉCUPÉRATION : 30 s entre les exercices, 3 mn entre chaque circuit

5 BRAS

RÉPÉTITIONS : • 10 fois • 15 fois • 20 fois

Ce sont des pompes debout. Collez-vous à un pan de mur et comptez trois pas. Mettez-vous face au mur, bras tendus et descendez en basculant vers l'avant puis remontez.

6 CUISSES

RÉPÉTITIONS : • 10 fois • 15 fois • 20 fois

Tenez le manche à balai à 2 mains sous la nuque. Prenez un écart de jambes un peu plus large que le bassin. Écartez les pieds vers l'extérieur et descendez.

7 BRAS

RÉPÉTITIONS : • 5 fois • 10 fois • 15 fois

Toujours avec le manche, prenez un écart de jambes bien plus large que le bassin. Bras tendu, buste en avant et mains au niveau du bas des cuisses et montez, toujours bras tendus.

8 ADDUCTEURS

RÉPÉTITIONS : • 30 fois • 40 fois • 50 fois

Petit travail cardio. Tenez-vous droit, mains sur les hanches et sautillez en écartant les pieds, sur la pointe. Regardez toujours droit devant. Et avant la prochaine séance, pensez à manger des pâtes le soir !

NOTEZ LA QUALITÉ DE VOTRE SÉANCE : 1 ☐ 2 ☐ 3 ☐ 4 ☐ 5 ☐ DATE : / /

SÉANCE #08

" Le seul frein à votre succès est la barrière psychologique que vous vous imposez. "

1 ABDOMINAUX OBLIQUES

RÉP. (PAR CÔTÉ) : • 10 fois • 15 fois • 20 fois

Partez assis, les genoux pliés prenez la bouteille et faites-la passer de droite à gauche. Pour les débutants, les pieds restent au sol, pour les confirmés et les athlètes, il faut les relever. La bouteille ne doit pas toucher le sol.

2 DORSAUX

RÉPÉTITIONS : • 5 fois • 10 fois • 15 fois

Mettez-vous à plat ventre, les pieds au sol. Tenir le balai derrière la nuque puis tendez les bras en avant.

3 GAINAGE

MONTÉES DE GENOUX : • 10 fois • 15 fois • 20 fois

Partez bras tendus, les jambes jointes, contractez les abdos, serrez les fesses et descendez le bassin. L'objectif est de faire des montées de genoux, mais très doucement, en gardant les genoux dans l'axe.

4 BRAS

RÉPÉTITIONS : • 10 fois • 15 fois • 20 fois

Prenez 2 bouteilles d'eau, écartez les jambes, le dos plié en avant, bras tendus. Regardez devant, montez les bouteilles d'eau sur les côtés en gardant les bras tendus et revenez.

COMMENTAIRES :

AVANT DE DÉMARRER LA SÉANCE : mesurez votre progression, faites le test de la planche.
CIRCUIT À RÉPÉTER : • 2 fois pour les débutants • 3 fois pour les confirmés • 4 fois pour les athlètes
RÉCUPÉRATION : 30 s entre les exercices, 3 mn entre chaque circuit

5 MOLLETS

RÉPÉTITIONS : • 10 fois • 15 fois • 20 fois

En appui au sol, bras tendus, les pieds sur la pointe puis avancez sur la pointe.

6 QUADRICEPS

Faites la chaise en plaquant le dos au mur, tenez les 2 bouteilles d'eau bras tendus vers le bas et regardez droit devant.

DURÉE : • 20 s • 25 s • 30 s

7 CARDIO

DURÉE : • 30 s • 40 s • 50 s

Sautillez avec des petites montées de genoux et de la fréquence. Soyez régulier dans le rythme, n'oubliez-pas d'utiliser les bras, dans l'axe du corps, être relâché.

8 CARDIO

DURÉE : • 30 s • 40 s • 50 s

Gardez le rythme, ne partez-pas trop vite. Commencez les mains sur les hanches, la jambe droite en avant, la gauche un peu derrière. Puis faites des petites fentes dynamiques en regardant toujours devant vous. Gérez bien la respiration sans vous mettre dans le rouge.

NOTEZ LA QUALITÉ DE VOTRE SÉANCE : 1 ☐ 2 ☐ 3 ☐ 4 ☐ 5 ☐

DATE : / /

SÉANCE #09

" Soyez plus fort que vos excuses, elles ne brûlent pas les calories. "

1 ABDOMINAUX

RÉPÉTITIONS : • 10 fois • 15 fois • 20 fois

Allongez-vous sur le dos. Jambes relevées à 90°, tête relevée, bras tendus. L'objectif est d'aller toucher les chaussures près du talon.

2 DORSAUX

DURÉE : • 15 s • 20 s • 30 s

À plat ventre, pieds au sol, relevez le buste, tendez les bras et faites des petits battements croisés.

3 GAINAGE

DURÉE : • 45 s • 1 mn • 1 mn 15 s

Le plus important : avoir une bonne posture, contracter les abdos et les fessiers. En appui sur les avant-bras, jambes tendues.

4 CARDIO

RÉPÉTITIONS : • 10 fois • 15 fois • 20 fois

Un exercice de « squat jump ». Partez debout, les mains jointes, descendez sur la chaise, touchez-la et remontez en faisant un petit saut en vous aidant des mains.

COMMENTAIRES :

CIRCUIT À RÉPÉTER : • 2 fois pour les débutants • 3 fois pour les confirmés • 4 fois pour les athlètes
RÉCUPÉRATION : 30 s entre les exercices, 3 mn entre chaque circuit

5 BRAS

RÉPÉTITIONS : • 5 fois • 10 fois • 15 fois

Des pompes complètes. Pieds un peu écartés, mains écartées à largeur d'épaule et descendre. Puis remontez. Concentrez-vous sur la phase de montée.

6 CARDIO

RÉPÉTITIONS : • 5 fois • 10 fois • 15 fois

Mettez les mains devant vous, une jambe derrière, tendue, puis montez-la, les bras servant de balance. Prenez votre temps, ne vous mettez pas dans le rouge.

7 CARDIO

DURÉE : • 20 s • 30 s • 45 s

Pieds joints, mains sur les hanches et enchaînez les petits sauts dynamiques, droite, gauche, jambes tendues. Prenez un bon rythme.

8 CARDIO

DURÉE (PAR JAMBE) : • 15 s • 20 s • 30 s

Prenez 2 bouteilles d'eau (1,5 l tous niveaux). Une jambe en avant, l'autre en retrait. Puis alternez, bras tendu, bras fléchi. Gardez le rythme, serrez les dents et regardez devant soi. Puis changez de jambe.

NOTEZ LA QUALITÉ DE VOTRE SÉANCE : 1 ☐ 2 ☐ 3 ☐ 4 ☐ 5 ☐ DATE : / /

SÉANCE #10

“ Un objectif sans programme demeure un souhait. ”

1 ABDOMINAUX

RÉP. (PAR JAMBE) : • 10 fois • 15 fois • 20 fois

Sur le dos, jambes pliées, bras le long du corps, relevez la tête et les omoplates. Faites un mouvement de pédalo en ayant la jambe tendue à chaque fois à la fin.

2 DORSAUX

RÉPÉTITIONS : • 10 fois • 15 fois • 20 fois

À plat ventre, jambes tendues, croisez les mains dans le dos. Regardez devant vous, concentrez-vous sur votre respiration et montez tranquillement le buste.

3 GAINAGE LATÉRAL

RÉP. (PAR CÔTÉ) : • 5 fois • 10 fois • 15 fois

Allongé sur le côté, coude droit posé au sol, alignez bien les jambes, le bassin et le buste. Levez le corps, passez le bras gauche sous le buste et revenez bras tendu.

4 FESSIERS

RÉPÉTITIONS : • 15 fois • 20 fois • 25 fois

Jambes fléchies, adossez vos épaules sur une chaise protégée d'une couverture. Mains sur la poitrine, montez et tenez 1 mn, fessiers contractés, en ressortant le bassin. Redescendez.

COMMENTAIRES :

CIRCUIT À RÉPÉTER : • 2 fois pour les débutants • 3 fois pour les confirmés • 4 fois pour les athlètes
RÉCUPÉRATION : 30 s entre les exercices, 3 mn entre chaque circuit

5 BRAS

Ce sont des pompes debout. Collez-vous à un pan de mur et comptez 3 pas. Mettez-vous face au mur, bras tendus et descendez en basculant vers l'avant puis remontez.

RÉPÉTITIONS : • 10 fois • 15 fois • 20 fois

6 FESSIERS-ISCHIOS-JAMBIERS

RÉP. (PAR JAMBE) : • 5 fois • 10 fois • 15 fois

Alignez l'écart des jambes sur le bassin, mains sur les hanches, jambes tendues, croisez une jambe derrière vous et revenez. N'allez pas trop loin.

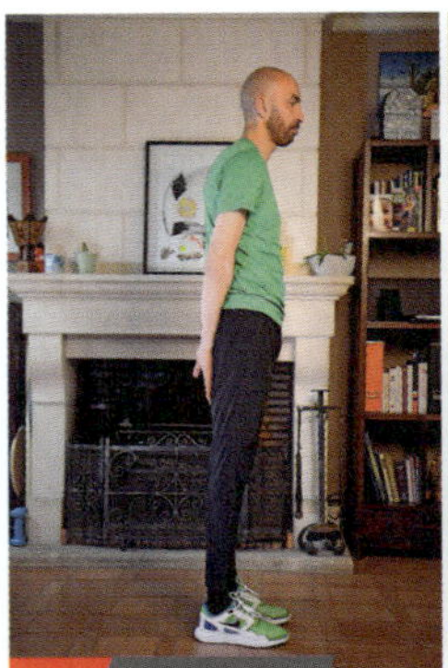

7 CARDIO

DURÉE : • 20 s • 30 s • 45 s

Mains tendues derrière les fesses, montez vos talons, un à un, sur les fesses de manière dynamique en regardant devant vous. Prenez un bon rythme en respirant bien.

8 CARDIO

DURÉE : • 20 s • 30 s • 45 s

Mains sur les hanches, sautez à pieds joints comme avec une corde à sauter. Appuyez brièvement au sol en ayant les jambes tendues. Ne partez pas trop vite.

NOTEZ LA QUALITÉ DE VOTRE SÉANCE : 1 2 3 4 5 DATE : / /

SÉANCE #11

“ Les étirements passifs, pour une meilleure récupération et éviter les courbatures. ”

1 MOLLETS

Mains sur le mur, bras et jambes tendues, avancez une jambe pliée, l'autre reste tendue. Penchez-vous en gardant le talon au sol et en amenant le poids du corps sur la jambe de devant. Sentez l'étirement dans le mollet. Tenez 15 s et changez.

2 QUADRICEPS

Debout, pieds alignés sur les épaules, appuyez vous sur le mur, pliez un genou et ramenez le talon sur la fesse. Regardez droit devant vous. Sentez l'étirement dans la cuisse. Tenez 15 s et changez de jambe. Ne forcez pas.

3 ADDUCTEURS

Buste droit, jambes en grand écart, bras tendus devant vous, avancez le buste vers le sol. Relâchez bien, respirez tranquillement. Sentez l'étirement dans l'adducteur. Comptez 15 s et remontez. Faites-le 2 fois.

4 ISCHIOS-JAMBIERS

Jambe tendue sur une chaise, l'autre est tendue au sol. Pieds bien droits et alignés. Ramenez le pied et les orteils vers vous. Gardez les bras le long du corps et fléchissez légèrement le buste. Sentez l'étirement derrière la cuisse. Tenez 15 s par jambe.

COMMENTAIRES :

5 FESSIERS-CUISSES

Assis, bras tendus derrière vous, jambes écartées un peu plus largement que le bassin. Ramenez le genou droit au sol devant le pied gauche et alternez. Effectuez 20 mouvements.

6 FESSIERS

Assis, passez une jambe au-dessus de la jambe opposée, talon au sol. Mettez un bras autour du genou et ramenez-le vers la poitrine. L'autre bras reste tendu. Sentez l'étirement dans la fesse. Respirez bien. Tenez 15 s par côté.

7 ABDOS-LOMBAIRES

À genoux, bras tendus. Posez le bassin au sol en gardant les jambes tendues. Regardez devant vous, respirez. Sentez l'étirement des abdos. Tenez 5 à 6 s. Ramenez les fesses sur les talons, bras tendus, rentrez la tête entre vos genoux. À effectuer 8 à 10 fois.

8 CUISSES

À genoux, avancez une jambe avec le pied plus en avant que l'aplomb du genou. Mains sur les hanches, avancez le genou. Sentez l'étirement dans la cuisse. Tenez 15 s par jambe puis relâchez.

NOTEZ LA QUALITÉ DE VOTRE SÉANCE : 1 ☐ 2 ☐ 3 ☐ 4 ☐ 5 ☐ DATE : / /

AUTRE SÉANCE D'ÉTIREMENTS

1 MOLLETS

Mains sur le mur, bras tendus, avancez une jambe pliée, l'autre reste pliée derrière. Penchez-vous vers l'avant en amenant le poids du corps sur la jambe de devant. Sentez l'étirement, tenez 15 s et changez.

2 QUADRICEPS

Allongez-vous sur le côté, une main en soutien de la tête, jambes tendues. Pliez une jambe vers l'arrière pour l'approcher le plus possible des fesses, posez la main sur le cou-de-pied. Sentez l'étirement, tenez 15 s et changez de jambe.

3 ADDUCTEURS

Assis, jambes pliées devant vous avec les plantes de pied qui se touchent. Tendez les bras pour attraper vos pieds. Sentez l'étirement et tenez 15 s.

4 ISCHIOS-JAMBIERS

À genoux, avancez une jambe tendue devant vous, posez la main opposée, bras tendu sur la pointe du pied. Sentez l'étirement, tenez 15 s et changez de jambe.

COMMENTAIRES :

5 FESSIERS

À genoux, avancez la jambe droite pliée en basculant le poids du corps vers l'avant, posez les mains sur le sol bras tendus. Tendez la jambe gauche derrière vous et posez le tibia de la jambe droite sur le sol, votre plante de pied vient au contact de votre cuisse gauche. Sentez l'étirement, tenez 15 s et changez de jambe.

6 FESSIERS-ISCHIOS

Allongez-vous sur le dos, jambes tendues. Ramenez la jambe gauche pliée vers la poitrine. Relevez le buste pour attraper, avec la main gauche, votre pied gauche et ramenez votre main droite sur le genou gauche. Sentez l'étirement, tenez 15 s et changez de jambe.

7 LOMBAIRES

Allongez-vous sur le dos, jambes tendues, bras tendus vers l'arrière. Basculez vos jambes vers l'arrière et posez vos pointes de pied dans vos paumes. Sentez l'étirement et tenez 15 s.

8 LOMBAIRES

Allongez-vous sur le dos, jambes tendues, bras en croix. Basculez les jambes pliées sur le côté droit, genoux sur le sol. Sentez la torsion et tenez 15 s puis changez de côté.

NOTEZ LA QUALITÉ DE VOTRE SÉANCE : 1 ☐ 2 ☐ 3 ☐ 4 ☐ 5 ☐

DATE : / /

SÉANCE #12

" Séance avec beaucoup de cardio. "

1 ABDOMINAUX

RÉPÉTITIONS : • 10 fois • 15 fois • 20 fois

Sur le dos, bras à la verticale, jambes pliées à 90°, descendez le bras droit tendu et en même temps la jambe gauche tendue (sans que les deux ne touchent le sol). Tenez 1 mn et revenez. Alternez.

2 DORSAUX

RÉPÉTITIONS : • 10 fois • 15 fois • 20 fois

À plat ventre, jambes tendues au sol et immobiles. Mains derrière les oreilles, montez votre buste doucement en regardant droit devant vous.

3 GAINAGE

RÉP. (PAR JAMBE) : • 5 fois • 10 fois • 15 fois

Abdos et fessiers contractés, bassin rentré, mains au sol, bras et jambes tendus, lancez une jambe sur le côté opposé. Alternez. Gardez un bon rythme sans vous mettre dans le rouge.

4 MOLLETS

Debout devant une chaise, posez 3 doigts dessus sans vous appuyer. Levez une jambe et montez sur le mollet. Tenez 1 mn avant de redescendre.

RÉP. (PAR MOLLET) : • 5 fois • 10 fois • 15 fois

COMMENTAIRES :

CIRCUIT À RÉPÉTER : • 2 fois pour les débutants • 3 fois pour les confirmés • 4 fois pour les athlètes
RÉCUPÉRATION : 30 s entre les exercices, 3 mn entre chaque circuit

5 CARDIO

Mains derrière la tête et coudes sortis. Joignez vos pieds puis écartez-les et revenez. Regardez droit devant vous en respirant bien. Gérez votre effort.

DURÉE : • 30 s • 40 s • 50 s

6 CARDIO

DURÉE : • 20 s • 30 s • 40 s

Mains derrière la tête (vous pouvez aussi les croiser). Coudes bien sortis, effectuez des petites montées de genoux sur un mode dynamique.

7 BRAS

3 doigts posés sur la chaise, pliez les jambes, avancez le buste, tête bien alignée. Montez sur le côté votre bras tendu en tenant la bouteille d'eau (1,5 l tous niveaux) à l'envers. Tenez 1 mn et redescendez.

RÉP. (PAR BRAS) : • 10 fois • 15 fois • 20 fois

8 CARDIO

DURÉE (PAR JAMBE) : • 15 s • 20 s • 30 s

Jambes écartées et pliées, une main tendue devant vous au sol, l'autre derrière. Relevez-vous et réécartez les jambes en changeant de bras. Touchez bien le sol.

NOTEZ LA QUALITÉ DE VOTRE SÉANCE : 1 ☐ 2 ☐ 3 ☐ 4 ☐ 5 ☐ DATE : / /

SÉANCE #13

" Pour le cardio, concentrez-vous sur votre respiration. "

1 ABDOMINAUX

BATTEMENTS : • 20 fois • 30 fois • 40 fois

Mettez-vous sur le dos, pliez les jambes, les bras le long du corps et relevez la tête et les omoplates. Puis faites des petits battements avec les bras tout en contractant les abdos. Regardez droit devant vous.

2 DORSAUX

RÉPÉTITIONS : • 10 fois • 15 fois • 20 fois

À plat ventre, jambes tendues au sol, bras écartés en équerre. L'objectif est de monter le haut du corps, sur 1 s, puis de redescendre.

3 GAINAGE

DURÉE : • 20 s • 30 s • 40 s

Contractez les abdos et les fessiers, avec un bon alignement entre les jambes, le bassin et le buste. Partez bras et jambes tendus et touchez le bouchon de la bouteille d'eau opposée. Les débutants peuvent toucher le milieu de la bouteille.

4 FESSIERS-DOS

RÉP. (PAR JAMBE) : • 5 fois • 10 fois • 15 fois

Partez à quatre pattes. Pliez le coude droit qui va toucher le genou gauche puis tendez le bras droit et la jambe gauche en même temps. Puis revenez et répétez le mouvement. Passez ensuite au coude gauche et au genou droit. Pensez à relever la main.

COMMENTAIRES :

CIRCUIT À RÉPÉTER : • 2 fois pour les débutants • 3 fois pour les confirmés • 4 fois pour les athlètes
RÉCUPÉRATION : 30 s entre les exercices, 3 mn entre chaque circuit

5 FESSIERS-CUISSES

RÉP. (PAR JAMBE) : • 10 fois • 15 fois • 20 fois

Prenez un pan de mur ou un support où poser la main. Prenez appui sur la main gauche et tendez sur le côté la jambe droite puis, sans la poser, levez-la devant en pliant le genou.

6 CARDIO

DURÉE : • 20 s • 30 s • 40 s

Posez 1 bouteille d'eau par terre. À partir de celle-ci, calculez 5 pas. Posez la 2ème. Puis faites un 8 entre les bouteilles avec des petits pas de course, avant, arrière.

7 BRAS

RÉPÉTITIONS : • 3 fois • 5 fois • 10 fois

Genoux au sol, croisez les jambes. Ramenez un peu les mains vers l'intérieur. Pliez les bras, descendez puis remontez. Concentrez-vous sur la montée.

8 CARDIO

DURÉE : • 20 s • 30 s • 40 s

Espacez les 2 bouteilles d'eau de 5 pas. Mettez-vous au milieu et touchez une bouteille puis l'autre en descendant bien. Une fois à l'aise, mettez plus de rythme et regardez devant si possible.

NOTEZ LA QUALITÉ DE VOTRE SÉANCE : 1 ☐ 2 ☐ 3 ☐ 4 ☐ 5 ☐   DATE : / /

SÉANCE #14

“ Séance en couple : seul on va vite, ensemble on va plus loin. ”

1 ABDOMINAUX

DURÉE : • 15 s • 20 s • 30 s

Une personne au sol, genoux pliés, l'autre debout, bloquant les pieds de son partenaire. La personne au sol part bras tendus pour toucher ceux, également tendus, du partenaire.

2 GAINAGE

DURÉE : • 20 s • 30 s • 40 s

Les deux partenaires se font face à face, le corps en appui sur les coudes et les pieds. Le but est de toucher la main opposée du binôme.

3 FESSIERS-TRICEPS

DURÉE : • 20 s • 30 s • 40 s

Une personne se met dans la position du bridge, bassin remonté, en appui sur les mains et les pieds. L'autre vient s'appuyer sur les genoux du partenaire puis enchaîne les montées et les descentes, le dos bien droit, les jambes à 90°. Vous pouvez aussi utiliser une chaise.

4 SQUATS

DURÉE : • 20 s • 30 s • 40 s

Mettez-vous face à face, avec les pieds écartés vers l'extérieur, de la largeur du bassin. Attrapez-vous les bras tendus puis descendez et remontez à deux.

COMMENTAIRES :

CIRCUIT À RÉPÉTER : • 2 fois pour les débutants • 3 fois pour les confirmés • 4 fois pour les athlètes
RÉCUPÉRATION : 30 s entre les exercices, 3 mn entre chaque circuit
ALTERNEZ LES PARTENAIRES

5 ABDOMINAUX OBLIQUES

DURÉE (PAR SENS) : • 10 s • 15 s • 20 s

Asseyez-vous dos à dos, les pieds relevés et passez-vous de part et d'autre la bouteille d'eau. Changez de sens de temps en temps. Ceux qui ont des difficultés peuvent poser le talon.

6 GAINAGE-SQUATS

DURÉE : • 20 s • 30 s • 40 s

Pour le gainage, une personne au sol, en appui sur les avant-bras et les pieds, bien écartés. L'autre personne commence par des sauts entre les jambes du partenaire puis enchaîne par des petites montées de genou.

7 ABDOMINAUX

DURÉE : • 15 s • 20 s • 30 s

Une personne reste debout, jambes écartées, de la largeur du bassin, les mains devant elle. Le partenaire s'allonge sur le dos, s'accroche aux chevilles du binôme debout et monte ses jambes, tendues, vers celui-ci. Le partenaire debout repousse alors les jambes, qui ne doivent pas toucher le sol à la descente.

8 DEMI-SQUAT-CARDIO

DURÉE : • 20 s • 30 s • 40 s

Un partenaire reste les jambes écartées, les genoux pliés, les bras tendus pendant que l'autre enchaîne les petites montées de genou, qui doivent toucher les mains du partenaire. Puis alternez.

NOTEZ LA QUALITÉ DE VOTRE SÉANCE : 1 ☐ 2 ☐ 3 ☐ 4 ☐ 5 ☐ DATE : / /

SÉANCE #15

“ Changement de cycle : de l’intensité. ”

1 ABDOMINAUX

RÉPÉTITIONS : • 15 fois • 20 fois • 30 fois

Sur le dos, jambes et bras tendus, levez bras, tête et buste, pliez une jambe et touchez votre chaussure. Revenez et alternez. Les débutants ne touchent que leur genou.

2 DORSAUX

DURÉE : • 15 s • 20 s • 30 s

À plat ventre, jambes tendues, la bouteille derrière la nuque, levez légèrement le buste et venez toucher le sol avec la bouteille. Revenez, toujours avec le buste relevé.

3 GAINAGE

RÉPÉTITIONS : • 15 fois • 20 fois • 30 fois

Bras et jambes tendus, abdos et fessiers contractés, bassin rentré, prenez la bouteille d’eau sur votre droite et ramenez-la sur votre gauche, en passant sous votre bras. Alternez. Les débutants peuvent mettre les genoux à terre.

4 JAMBES

RÉPÉTITIONS : • 15 fois • 20 fois • 30 fois

Espacez 2 bouteilles d’eau de 5 pieds. Mains devant vous, jambes pliées, sautez de l’une à l’autre en latéral (pas vers le haut). Mettez du rythme sans vous mettre dans le rouge.

COMMENTAIRES :

CIRCUIT À RÉPÉTER : • 2 fois pour les débutants • 3 fois pour les confirmés • 4 fois pour les athlètes
RÉCUPÉRATION : 30 s entre les exercices, 3 mn entre chaque circuit

5 QUADRICEPS-FESSIERS

RÉP. (PAR JAMBE) : • 15 fois • 20 fois • 30 fois

Mains sur les hanches, partez en fente avant, puis dans la foulée en fente arrière et fente sur le côté en croisant. Récupérez 30 s avant l'autre jambe.

6 CARDIO

RÉPÉTITIONS : • 15 fois • 20 fois • 30 fois

Espacez 2 bouteilles d'eau de 5 pieds, mettez-vous un peu en retrait. Jambes tendues, sautez de l'une à l'autre, dans un bon rythme. Essayez d'être coordonné avec vos bras.

7 CHAÎNE POSTÉRIEURE

DURÉE : • 15 s • 20 s • 30 s

Surélevez bras et jambes tendus, abdos et fessiers contractés, bassin sorti. Vous devez ramener les jambes l'une après l'autre vers vous.

8 CARDIO

1 bouteille d'eau dans chaque main (0,5 l débutants, 1 l confirmés, 1,5 l athlètes). Courez sur place à un bon rythme. Regardez droit devant et coordonnez bien les bras en gérant la position des bouteilles.

DURÉE : • 15 s • 20 s • 30 s

NOTEZ LA QUALITÉ DE VOTRE SÉANCE : 1 ☐ 2 ☐ 3 ☐ 4 ☐ 5 ☐ DATE : / /

SÉANCE #16

“ On augmente le rythme, respectez bien les durées indiquées par niveau pour éviter d'être dans le rouge. ”

1 ABDOS-QUADRICEPS

DURÉE : • 15 s • 20 s • 30 s

À genoux, pieds sur les pointes, abdos et fessiers contractés, bras tendus devant vous, descendez 2 s vers l'arrière. Remontez à la force des abdos quand vous sentez la tension dans les quadriceps. Ne creusez pas le dos.

2 DORSAUX

DURÉE : • 15 s • 20 s • 30 s

À plat ventre, jambes tendues au sol, levez le buste, plaquez le manche à balai sur votre poitrine. Tendez les bras devant vous et revenez.

3 GAINAGE

DURÉE : • 15 s • 20 s • 30 s

Sur les coudes, jambes tendues, abdos et fessiers contractés, alignez bien le bassin. Levez une jambe tendue après l'autre, toujours bien dans l'alignement.

4 ADDUCTEURS-FESSIERS

DURÉE : • 15 s • 20 s • 30 s

Dos et mains au sol, sur les talons, bouteille d'eau à la verticale serrée entre vos genoux, relevez la tête et montez le bassin en serrant bien la bouteille. Tenez 1 s en haut avant de redescendre.

COMMENTAIRES :

CIRCUIT À RÉPÉTER : • 2 fois pour les débutants • 3 fois pour les confirmés • 4 fois pour les athlètes
RÉCUPÉRATION : 30 s entre les exercices, 3 mn entre chaque circuit

5 HANCHES

DURÉE : • 15 s • 20 s • 30 s

À côté de la bouteille posée à 4 pas du mur sur lequel vous tendez vos bras, montez sur les pointes de pied, bassin rentré. Faites un mouvement circulaire au-dessus de la bouteille et revenez au départ.

6 JAMBES

DURÉE : • 15 s • 20 s • 30 s

Tenez-vous à 4 pas de la chaise. Manche à balai sur la nuque, placez le pied droit sur la chaise. Puis descendez avec la jambe gauche et remontez.

7 DOS-ÉPAULES

DURÉE : • 15 s • 20 s • 30 s

Manche à balai sur la nuque, pieds dans la largeur du bassin, tournez le buste de droite à gauche et de gauche à droite, sans aller trop loin, en gardant les jambes droites.

8 BRAS-JAMBES

DURÉE : • 15 s • 20 s • 30 s

Manche à balai dans les mains, actionnez une fente avant en tendant également les bras devant vous et ramenez. Alternez.

NOTEZ LA QUALITÉ DE VOTRE SÉANCE : 1 ☐ 2 ☐ 3 ☐ 4 ☐ 5 ☐ DATE : / /

SÉANCE #17

“ Maîtrisez votre effort pour gérer l'intensité. ”

1 ABDOMINAUX

DURÉE : • 15 s • 20 s • 30 s

Sur le dos, mains derrière la tête, relevez la tête, buste immobile, pliez les jambes, pieds à angle droit. Tendez les jambes l'une après l'autre et revenez. Vous pouvez regarder au plafond.

2 DORSAUX

DURÉE : • 15 s • 20 s • 30 s

À plat ventre, jambes tendues au sol, relevez la tête et le buste. Une main sous le menton, tendez l'autre devant vous et alternez.

3 FESSIERS

DURÉE : • 15 s • 20 s • 30 s

À quatre pattes, bras tendus, montez une jambe tendue et faites de petits mouvements de haut en bas en la gardant tendue. Alternez.

4 JAMBES

Faites une petite fente. Montez une jambe devant vous en sautant sur l'autre. Pas besoin de faire un saut très haut. Puis alternez.

DURÉE : • 15 s • 20 s • 30 s

COMMENTAIRES :

AVANT DE DÉMARRER LA SÉANCE : mesurez votre progression, faites le test de la planche.
CIRCUIT À RÉPÉTER : • 2 fois pour les débutants • 3 fois pour les confirmés • 4 fois pour les athlètes
RÉCUPÉRATION : 30 s entre les exercices, 3 mn entre chaque circuit

5 BRAS-ÉPAULES-DOS

DURÉE : • 15 s • 20 s • 30 s

À genoux, bras tendus devant vous sur un manche à balai, dos droit, avancez le buste et regardez devant. Montez bras tendus jusqu'en haut et redescendez, toujours bras tendus.

6 PIEDS

DURÉE : • 15 s • 20 s • 30 s

Posez 2 torchons en forme de T au sol. Placez-vous derrière la barre du T. Sautez sur votre droite, puis devant, derrière et revenez. Changez de côté.

7 GAINAGE

DURÉE : • 15 s • 20 s • 30 s

Bras et jambes tendus, abdos et fessiers contractés, bassin bien aligné. Pieds joints, vous les écartez un peu et vous revenez.

8 CARDIO

DURÉE : • 15 s • 20 s • 30 s

Écartez les torchons de l'espace de 2 pieds. Postez-vous à côté du 1er, passez au-dessus et faites 4 montées de genoux dynamiques entre les 2 avant de passer au-dessus de l'autre. Revenez.

NOTEZ LA QUALITÉ DE VOTRE SÉANCE : 1 ☐ 2 ☐ 3 ☐ 4 ☐ 5 ☐ DATE : / /

SÉANCE #18

“ Travaillez pour vous en priorité. ”

1 ABDOMINAUX

DURÉE : • 15 s • 20 s • 30 s

Assis, jambes relevées mais non croisées, passez la bouteille d'eau dans le dos puis en dessous de vos jambes. Puis faites-le dans l'autre sens après avoir récupéré 30 s.

2 DORSAUX

DURÉE : • 15 s • 20 s • 30 s

À plat ventre, jambes tendues, bras tendus sur le manche à balai, tête toujours au sol, montez pendant 1 mn les bras et les jambes en même temps.

3 GAINAGE

DURÉE : • 15 s • 20 s • 30 s

Bras et jambes tendus, abdos et fessiers contractés, bassin rentré, pieds joints, effectuez de petits talons-fesses en rythme.

4 QUADRICEPS

DURÉE : • 15 s • 20 s • 30 s

Devant la chaise, levez et pliez une jambe. Asseyez-vous et remontez aussitôt en gardant la jambe pliée.

COMMENTAIRES :

CIRCUIT À RÉPÉTER : • 2 fois pour les débutants • 3 fois pour les confirmés • 4 fois pour les athlètes
RÉCUPÉRATION : 30 s entre les exercices, 3 mn entre chaque circuit

5 JAMBES

DURÉE : • 15 s • 20 s • 30 s

Mains sur les hanches, jambes dans la largeur du bassin, faites de petits « squat jumps » dynamiques. Finissez toujours bien jambes tendues.

6 POMPES

DURÉE : • 15 s • 20 s • 30 s

Bras tendus, à genoux, abdos et fessiers contractés, bassin rentré, descendez puis touchez avec la main l'épaule opposée (mi-bras pour les débutants).

7 CARDIO

DURÉE : • 15 s • 20 s • 30 s

Effectuez 5 petites montées de genou, coordonnées avec vos bras, suivies immédiatement de 5 talons-fesses (vos mains sont alors posées sur vos fesses).

8 CARDIO

Touchez avec la main gauche le genou droit que vous venez de monter en regardant droit devant vous. Alternez. Gardez le rythme.

DURÉE : • 15 s • 20 s • 30 s

NOTEZ LA QUALITÉ DE VOTRE SÉANCE : 1 ☐ 2 ☐ 3 ☐ 4 ☐ 5 ☐ DATE : / /

SÉANCE #19

" Respectez les temps de récupération pour mieux absorber l'augmentation de l'intensité. "

1 ABDOMINAUX

RÉPÉTITIONS : • 15 fois • 20 fois • 30 fois

Allongez-vous sur le dos, pliez les jambes, relevez la tête et les omoplates, mains au sol, près des fesses. Levez les jambes à la perpendiculaire, dépliez-les puis repliez-les sans qu'elles touchent le sol. Ne creusez pas le dos.

2 DORSAUX

RÉPÉTITIONS : • 15 fois • 20 fois • 30 fois

À plat ventre, jambes tendues. Croisez les bras dans le dos et montez et descendez le buste. Les pieds restent au sol.

3 GAINAGE

DURÉE : • 15 s • 20 s • 30 s

Positionnez-vous en appui au sol sur les coudes, contractez les abdos et les fessiers, rentrez le bassin. Tendez le bras gauche puis le droit. Les débutants peuvent juste lever le coude sur le côté.

4 FESSIERS-QUADRICEPS

RÉPÉTITIONS : • 15 fois • 20 fois • 30 fois

Mettez le pied droit sur la chaise. Prenez appui pour monter sur la chaise puis levez le genou gauche. Puis changez de jambe.

COMMENTAIRES :

CIRCUIT À RÉPÉTER : • 2 fois pour les débutants • 3 fois pour les confirmés • 4 fois pour les athlètes
RÉCUPÉRATION : 30 s entre les exercices, 3 mn entre chaque circuit

5 BRAS

RÉPÉTITIONS : • 15 fois • 20 fois • 30 fois

Écartez les pieds, largeur de bassin. Ils ne doivent pas bouger pendant l'exercice. Prenez les bouteilles en main, puis bougez les bras de manière hyper dynamique en regardant devant vous.

6 FESSIERS-ISCHIOS

RÉPÉTITIONS : • 15 fois • 20 fois • 30 fois

Allongez-vous sur le dos, les talons sur la chaise, les mains tendues le long du corps, tête posée. L'objectif est de monter le bassin, tenir 1 s en haut et redescendre vite.

7 CARDIO-BAS DU CORPS

DURÉE : • 15 s • 20 s • 30 s

Le travail musculaire consiste en une fente et un quart de squat. Mains sur les hanches, partez en fente, faites un squat, revenez en fente, enchaînez par un squat et ainsi de suite.

8 CARDIO

RÉPÉTITIONS : • 15 fois • 20 fois • 30 fois

Écartez les bras et les jambes puis ramenez-les en même temps, dans un bon rythme.

NOTEZ LA QUALITÉ DE VOTRE SÉANCE : 1 ☐ 2 ☐ 3 ☐ 4 ☐ 5 ☐   DATE :   /   /

SÉANCE #20

" On reste assidu. "

DÉPART

ARRIVÉE

1 ABDOMINAUX

DURÉE : • 15 s • 20 s • 30 s

Mettez-vous sur le dos, les jambes levées et pliées, les mains tendues sur les talons. Dépliez les bras et les jambes en même temps puis revenez. Pour les débutants, faites le même exercice en touchant les genoux plutôt que les talons.

2 DORSAUX

DURÉE : • 15 s • 20 s • 30 s

Mettez-vous à plat ventre, bras et jambes tendus. Levez les bras et les jambes en même temps et croisez-les sans qu'ils touchent le sol.

3 GAINAGE

DURÉE : • 15 s • 20 s • 30 s

Partez au sol bras et jambes tendus, contractez les abdos et les fessiers, descendez le bassin pour avoir un bon alignement. Ramenez et pliez la jambe gauche devant et faites la même chose avec la jambe droite. Puis ramenez les deux jambes à la position initiale et alternez.

4 SUMO SQUAT

DURÉE : • 15 s • 20 s • 30 s

Mettez-vous jambes écartées, un peu plus que la largeur du bassin. Écartez les pieds vers l'extérieur, positionnez les mains derrière la tête. Descendez en amenant la main droite au talon gauche. Remontez puis redescendez, avec cette fois la main gauche qui va au talon droit.

COMMENTAIRES :

CIRCUIT À RÉPÉTER : • 2 fois pour les débutants • 3 fois pour les confirmés • 4 fois pour les athlètes
RÉCUPÉRATION : 30 s entre les exercices, 3 mn entre chaque circuit

5 SQUAT JUMP

DURÉE : • 15 s • 20 s • 30 s

Mains sur les hanches, sautez et tournez d'un quart de tour. Prenez un petit temps de suspension entre chaque saut. Attention, ça peut faire tourner la tête.

6 COORDINATION BRAS-JAMBES

DURÉE : • 15 s • 20 s • 30 s

Montez la jambe droite et faites-la venir vers l'intérieur. La main gauche vient toucher le pied droit. Puis faites la même chose de l'autre côté. Le tout avec du dynamisme.

7 BRAS

DURÉE : • 15 s • 20 s • 30 s

Écartez les jambes, avancez le buste en gardant le dos droit jusqu'à sentir une tension au niveau des adducteurs. Positionnez les bras tendus en gardant les bouteilles d'eau à l'horizontale. Montez les bouteilles devant vous, bras tendus, l'une après l'autre.

8 CARDIO

Prenez le manche à balai, posez-le sous la nuque, les mains de part et d'autre du manche. Écartez les jambes, largeur du bassin. Descendez puis, à la remontée, touchez la fesse avec le talon. Gardez le dos bien droit et gérez la respiration. Alternez le talon-fesse.

DURÉE : • 15 s • 20 s • 30 s

NOTEZ LA QUALITÉ DE VOTRE SÉANCE : 1 2 3 4 5 DATE : / /

SÉANCE #21

“ Augmentation de la durée pour chaque niveau et réduction du temps de récupération entre les exercices : une nouvelle phase dans la progression. ”

1 ABDOMINAUX

DURÉE : • 20 s • 30 s • 40 s

Sur le dos, bras tendus le long du corps, mains au sol et tête relevée. Levez les jambes tendues et effectuez de petits battements, de plus en plus vite.

2 DORSAUX

DURÉE : • 20 s • 30 s • 40 s

À plat ventre, pieds au sol, prenez les bouteilles d’eau (0,5 l pour les débutants, 1,5 l pour les autres) à l’horizontale. Soulevez, tendez les bras et revenez.

3 GAINAGE

DURÉE : • 20 s • 30 s • 40 s

Sur les coudes, abdos et fessiers contractés, bassin rentré, passez la jambe gauche tendue au-dessus de la droite, touchez le sol et revenez. Puis alternez.

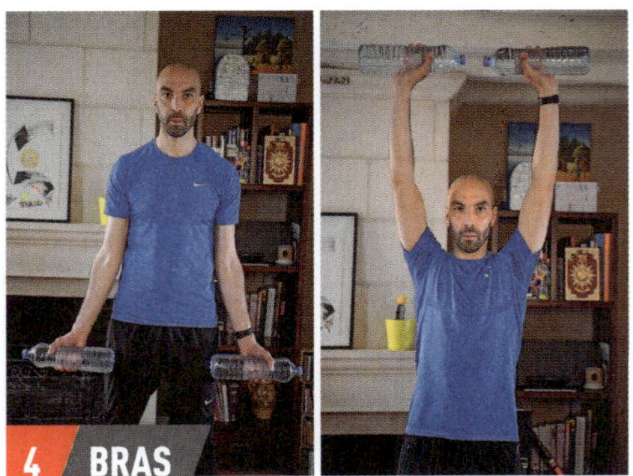

4 BRAS

RÉPÉTITIONS : • 20 s • 30 s • 40 s

Bras tendus, bouchons des bouteilles (0,5 l pour les débutants) vers l’extérieur. Montez, bras pliés, au-dessus des pectoraux puis plus haut, bras tendus, en tournant les bouchons vers l’intérieur. Redescendez bras tendus.

COMMENTAIRES :

CIRCUIT À RÉPÉTER : • 2 fois pour les débutants • 3 fois pour les confirmés • 4 fois pour les athlètes
RÉCUPÉRATION : 20 s entre les exercices, 3 mn entre chaque circuit

5 JAMBES

DURÉE : • 20 s • 30 s • 40 s

En position fente avant, une jambe au sol, l'autre sur la pointe des pieds, manche à balai sous la nuque. Faites des fentes sautées dynamiques, vives au sol.

6 BRAS

Pliez une jambe devant vous. Montez les 2 bouteilles de 1,5 l (pour tous) à la verticale en même temps, bras tendus devant vous. Mettez les bouteilles à l'horizontale et redescendez les bras.

DURÉE (PAR JAMBE) : • 20 s • 30 s • 40 s

7 BRAS-JAMBES

DURÉE : • 20 s • 30 s • 40 s

Pieds joints, bouteilles (0,5 l pour les débutants) sous les oreilles. En écartant les jambes, montez un bras, ramenez et faites pareil de l'autre côté. En rythme.

8 BRAS-JAMBES

DURÉE : • 20 s • 30 s • 40 s

Jambes dans la largeur du bassin, tendez le bras droit devant vous avec la bouteille (0,5 l pour les débutants) puis le gauche, descendez et remontez. Athlètes et confirmés finissent avec un petit saut, jambes tendues.

NOTEZ LA QUALITÉ DE VOTRE SÉANCE : 1 ☐ 2 ☐ 3 ☐ 4 ☐ 5 ☐

DATE : / /

SÉANCE #22

“ Vous n’aurez pas un ventre plat en dormant dessus. ”

1 ABDOMINAUX

DURÉE : • 20 s • 30 s • 40 s

Sur le dos, jambes tendues, tête relevée, manche à balai devant votre visage avec les coudes au sol. Montez la tête, le buste et finissez bras tendus en haut. Revenez.

2 DORSAUX

DURÉE : • 20 s • 30 s • 40 s

À plat ventre, jambes tendues, bras tendus au-dessus du sol, manche à balai en main. Touchez votre jambe droite avec la main droite en gardant les bras tendus. Idem pour la gauche. Sans balai pour les débutants.

3 GAINAGE

DURÉE : • 20 s • 30 s • 40 s

Abdos et fessiers contractés, bassin rentré, bras et jambes tendus. Levez successivement le bras droit devant vous puis le gauche, puis talon-fesse gauche et talon-fesse droit. Recommencez.

4 BRAS

DURÉE : • 20 s • 30 s • 40 s

Placé sur le bord de chaise, jambes fléchies, descendez et remontez. Dans la foulée, tendez les jambes, redescendez et remontez. Puis alternez.

COMMENTAIRES :

CIRCUIT À RÉPÉTER : • 2 fois pour les débutants • 3 fois pour les confirmés • 4 fois pour les athlètes
RÉCUPÉRATION : 20 s entre les exercices, 3 mn entre chaque circuit

5 JAMBES

DURÉE : • 20 s • 30 s • 40 s

Manche à balai sous la nuque, jambes dans l'alignement du bassin, descendez brièvement sur la chaise en regardant devant vous. Remontez avec un genou devant. Alternez.

6 JAMBES

DURÉE : • 20 s • 30 s • 40 s

Faites une ligne avec 2 torchons. Placez-vous sur un côté. Faites 3 montées de genou et basculez de l'autre côté de la ligne. Regardez devant vous, en coordonnant vos bras.

7 JAMBES

DURÉE : • 20 s • 30 s • 40 s

Mains tendues sur les fesses, effectuez une série de talons-fesses, mettez du rythme.

8 JAMBES

DURÉE : • 20 s • 30 s • 40 s

Espacez 2 torchons d'un pied. Jambes un peu fléchies au-dessus d'un torchon, mains sur les hanches, faites un pas chassé de gauche à droite. Tendez bien la jambe qui part vers l'extérieur. Alternez.

NOTEZ LA QUALITÉ DE VOTRE SÉANCE : 1 ☐ 2 ☐ 3 ☐ 4 ☐ 5 ☐ DATE : / /

SÉANCE #23

“ Restez coordonné et concentré pendant les courses et les sauts. ”

1 ABDOMINAUX

DURÉE : • 20 s • 30 s • 40 s

Assis, jambes pliées, bouteilles de 1,5 l (tous niveaux) dans les mains, bouchons vers le haut. Levez les jambes et montez les bouteilles à l'horizontale. Puis levez les bras en l'air. Redescendez. Regardez toujours devant vous.

2 DORSAUX

DURÉE : • 20 s • 30 s • 40 s

À plat ventre, jambes et bras tendus au sol, montez bras et jambes en même temps et effectuez de petits battements synchronisés.

3 GAINAGE

DURÉE : • 20 s • 30 s • 40 s

Abdos et fessiers contractés, bassin rentré, bras et jambes tendus. Descendez sur vos coudes l'un après l'autre et remontez.

4 JAMBES

DURÉE : • 20 s • 30 s • 40 s

Debout, bras tendus, bouchons des bouteilles (0,5 l pour les débutants, 1 l confirmés, 1,5 l athlètes) vers le haut, effectuez de petites montées de genoux dynamiques. Regardez droit devant vous.

COMMENTAIRES :

CIRCUIT À RÉPÉTER : • 2 fois pour les débutants • 3 fois pour les confirmés • 4 fois pour les athlètes
RÉCUPÉRATION : 20 s entre les exercices, 3 mn entre chaque circuit

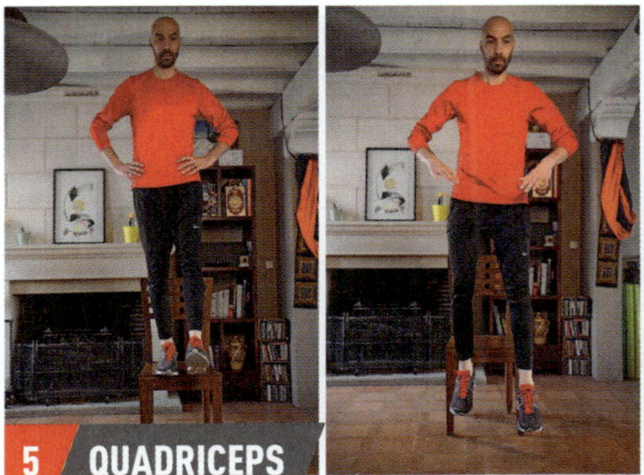

5 QUADRICEPS

DURÉE : • 20 s • 30 s • 40 s

Debout sur le bord d'une chaise (un support moins haut pour les débutants), faites de petits sauts en bloquant bien l'atterrissage au sol. Vous pouvez aussi lancer une jambe devant vous avant de sauter.

6 ISCHIOS-FESSIERS

DURÉE : • 20 s • 30 s • 40 s

En appui sur les bras tendus, levez le bassin. Levez une jambe tendue après l'autre. Les débutants peuvent la lever moins haut.

7 CARDIO

DURÉE : • 20 s • 30 s • 40 s

Espacez 2 bouteilles de 6 pieds. Faites 5 petits sauts (2 pour les débutants), jambes tendues. Courez rapidement vers l'autre bouteille, contournez-la et revenez en courant, mais en arrière. Après 5 nouveaux sauts, repartez dans l'autre sens.

8 CARDIO

DURÉE : • 20 s • 30 s • 40 s

Espacez 2 bouteilles de 5 pieds. Effectuez une série de fentes, petites mais dynamiques, en allant de l'une à l'autre bouteille. Coordonnez vos bras ou gardez vos mains sur les hanches.

NOTEZ LA QUALITÉ DE VOTRE SÉANCE : 1 2 3 4 5   DATE : / /

SÉANCE #24

“ Ne partez pas trop vite pour éviter les crampes dans les mollets. ”

1 ABDOMINAUX

DURÉE : • 20 s • 30 s • 40 s

Sur le dos, bras le long du corps, tête relevée, pliez la jambe gauche et touchez le genou levé avec la main droite. L'autre pied reste au sol.

2 DORSAUX

DURÉE : • 20 s • 30 s • 40 s

À plat ventre, jambes et bras tendus au sol, tête relevée, montez en même temps le bras droit tendu et la jambe gauche. Synchronisez bien le mouvement. Alternez.

3 GAINAGE

DURÉE : • 20 s • 30 s • 40 s

En appui sur le coude droit, jambes, bassin et buste alignés, passez la bouteille (0,5 l pour les débutants, 1 l confirmés, 1,5 l athlètes) loin derrière le buste sans toucher le sol. Revenez bras tendu en l'air. Avec 20 s de récupération au changement de côté.

4 BRAS

DURÉE : • 20 s • 30 s • 40 s

Jambes écartées, bras tendus, dos bien droit, pliez les jambes et montez un sac à dos lesté de 3 bouteilles de 1,5 l (2 pour les débutants) devant la bouche, coudes bien sortis. Redescendez et enchaînez.

COMMENTAIRES :

AVANT DE DÉMARRER LA SÉANCE : mesurez votre progression, faites le test de la planche.
CIRCUIT À RÉPÉTER : • 2 fois pour les débutants • 3 fois pour les confirmés • 4 fois pour les athlètes
RÉCUPÉRATION : 20 s entre les exercices, 3 mn entre chaque circuit

5 QUADRICEPS

DURÉE : • 20 s • 30 s • 40 s

Serrez très fort devant vous le sac à dos toujours lesté, écartez les jambes un peu plus que la largeur du bassin. Écartez les pieds bien vers l'extérieur. Descendez bien et remontez jambes tendues. Enchaînez.

6 MOLLETS

DURÉE : • 20 s • 30 s • 40 s

Tenez-vous à 4 pieds du mur. En appui dessus, montez et descendez les talons sans jamais toucher le sol.

7 BRAS

DURÉE : • 20 s • 30 s • 40 s

Bras tendus, jambes croisées derrière vous, bassin rentré, faites des pompes, sans aller trop vite pour tenir le rythme jusqu'au bout.

8 CARDIO

DURÉE : • 20 s • 30 s • 40 s

Avec 2 bouteilles (1,5 l) dans les mains, bras tendus le long du corps, pieds joints, effectuez une fente pied gauche, revenez, enchaînez sur une fente pied droit. Revenez. Écartez les pieds. Revenez et recommencez.

NOTEZ LA QUALITÉ DE VOTRE SÉANCE : 1 ☐ 2 ☐ 3 ☐ 4 ☐ 5 ☐   DATE : / /

SÉANCE #25

“ À la fin du circuit = 200 exercices effectués. On ne lâche rien ! ”

1 ABDOMINAUX

DURÉE : • 20 s • 30 s • 40 s

Asseyez-vous sur le tapis, posez les mains près des fesses. Pour les débutants, pliez et dépliez un petit peu les jambes sans que les pieds touchent le sol. Pour les confirmés et les athlètes, dépliez les jambes complètement.

2 DORSAUX

DURÉE : • 20 s • 30 s • 40 s

Allongez-vous à plat ventre, les jambes tendues et les mains devant vous. Pour les débutants, laissez les mains au sol, levez les jambes, puis écartez-les et ramenez-les. Les autres font la même chose en levant les mains.

3 GAINAGE

DURÉE : • 20 s • 30 s • 40 s

Partez en appui au sol sur les pieds et les mains, bras et jambes tendus, abdos et fessiers contractés. Rentrez le bassin pour avoir un bon alignement. Pour les débutants, pliez les genoux sans toucher le sol et revenez, les bras restent tendus. Pour les confirmés et les athlètes, tendez une jambe à la remontée.

4 FENTE

DURÉE : • 20 s • 30 s • 40 s

Prenez 2 bouteilles (1,5 l). Écartez les jambes largeur de bassin, bras tendus, tenez les bouteilles avec les bouchons vers l’extérieur. Faites une petite fente arrière et, en même temps, pliez les bras pour monter les bouteilles au-dessus des pectoraux.

COMMENTAIRES :

CIRCUIT À RÉPÉTER : • 2 fois pour les débutants • 3 fois pour les confirmés • 4 fois pour les athlètes
RÉCUPÉRATION : 20 s entre les exercices, 3 mn entre chaque circuit

5 FESSIERS

DURÉE (PAR JAMBE) : • 10 s • 15 s • 20 s

Partir genou au sol, bras tendus. Lancez une jambe en arrière, sans que le genou touche le sol. Levez la jambe sur le côté. Récupérez 20 s, genou au sol et faites la même chose avec l'autre jambe.

6 CARDIO

DURÉE : • 20 s • 30 s • 40 s

Faites un mouvement de bras devant avec les bouteilles (1,5 l tous niveaux), et en simultané, de petites montées de genou. Ne partez pas trop vite, regardez devant vous en gérant la respiration.

7 SQUAT JUMP

Les confirmés et les athlètes travaillent avec les bouteilles, pas les débutants. Écartez les torchons de la longueur d'un pied. Positionnez un pied au milieu, un pied à l'extérieur. Sautez pour que ce dernier se retrouve à l'intérieur et l'autre à l'extérieur. Tenez les bouteilles, bras tendus.

DURÉE : • 20 s • 30 s • 40 s

8 MONTÉE DES GENOUX-SAUTS

DURÉE : • 20 s • 30 s • 40 s

Faites 6 montées de genou, un saut pieds joints par-dessus le torchon puis revenez tout de suite en arrière avec un nouveau saut pieds joints.

NOTEZ LA QUALITÉ DE VOTRE SÉANCE : 1 ☐ 2 ☐ 3 ☐ 4 ☐ 5 ☐ DATE : / /

SÉANCE #26

“ Ne vous voûtez pas pour l’exo des bras. ”

1 ABDOMINAUX

DURÉE : • 20 s • 30 s • 40 s

Allongez-vous sur le dos, prenez les bouteilles d’eau, sauf pour les débutants qui font l’exercice à vide, et tendez les bras derrière la tête. Puis pliez les jambes, ramenez-les devant, ainsi que les bras, toujours tendus. Ni les bras, ni les jambes ne touchent le sol.

2 DORSAUX

DURÉE : • 20 s • 30 s • 40 s

Les débutants prennent une bouteille d’eau de 0,5 l, les autres de 1,5 l. Mettez-vous à plat ventre, les jambes tendues au sol, levez les bras et le buste. L’objectif est de prendre la bouteille à l’horizontale, de tendre les bras devant et de revenir mettre la bouteille sur la nuque puis de recommencer.

3 GAINAGE

DURÉE : • 20 s • 30 s • 40 s

Contractez bien les fessiers et les abdos, rentrez le bassin pour avoir un bon alignement. Partez bras et jambes tendus. Faites des petites montées de genou de face, droite, gauche, puis sur le côté, droite, gauche, et revenez de face.

4 BRAS

DURÉE : • 20 s • 30 s • 40 s

Mettez 3 bouteilles d’eau de 1,5 l dans le sac à dos (2 bouteilles pour les débutants). Passez le manche à balai entre les lanières du sac. Écartez les jambes, bras tendus. Pliez un peu les jambes et montez les bras tendus, avec le sac accroché, jusqu’à la hauteur des yeux. Puis revenez et remontez.

COMMENTAIRES :

CIRCUIT À RÉPÉTER : • 2 fois pour les débutants • 3 fois pour les confirmés • 4 fois pour les athlètes
RÉCUPÉRATION : 20 s entre les exercices, 3 mn entre chaque circuit

5 SQUATS

DURÉE : • 20 s • 30 s • 40 s

Pieds dans l'axe, le torchon sur aa droite, écartez les jambes largeur de bassin, descendez légèrement, mettez les mains devant. Faites un petit saut sur la droite. Une fois à droite, faites un petit saut au milieu puis un autre à gauche.

6 FESSIERS-ISCHIOS

DURÉE : • 20 s • 30 s • 40 s

Sur le dos, pliez les jambes, mettez-vous sur les talons. Prenez les bouteilles et tendez les bras derrière la tête. Montez le bassin le plus haut possible et en même temps, montez les bouteilles bras tendus devant. Maintenez 0,5 s en haut puis redescendez.

7 CLOCHE-PIED

DURÉE (PAR JAMBE) : • 10 s • 15 s • 20 s

C'est un travail dynamique. Attention au rythme et à ne pas prendre de risque. Faites des cloche-pied au-dessus du torchon.

8 MONTÉES DE GENOU

DURÉE (PAR JAMBE) : • 20 s • 30 s • 40 s

Faites 2 montées de genou, côté gauche du torchon, et à la 3e, partez à droite puis revenez. Récupérez 20 s entre chaque jambe.

NOTEZ LA QUALITÉ DE VOTRE SÉANCE : 1 ☐ 2 ☐ 3 ☐ 4 ☐ 5 ☐ DATE :   /   /

SÉANCE #27

“ Le gainage, c’est la base de tout. ”

1 ABDOMINAUX

DURÉE : • 30 s • 40 s • 50 s

Assis, jambes pliées au-dessus du sol, mains pliées juste au-dessus des pectoraux, levez-les vers le ciel. Confirmés et athlètes font le même geste mais avec les bouteilles (1,5 l).

2 DORSAUX

DURÉE : • 20 s • 30 s • 40 s

À plat ventre, jambes tendues au sol, bras tendus, faites de petits mouvements avec la bouteille (0,5 l pour les débutants) de bas en haut, sans toucher le sol. Bras tendus pour confirmés et athlètes.

3 GAINAGE

DURÉE : • 1 mn • 1 mn 30 s • 2 mn

Sur les coudes, abdos et fessiers contractés, bassin rentré, jambes tendues dans l’alignement du bassin.

4 JAMBES-BRAS

RÉPÉTITIONS : • 15 fois • 20 fois • 25 fois

Dos droit, bras tendus sur la chaise, jambes pliées, lancez-les, tendues, vers l’arrière. Regroupez, redressez-vous en sortant le bassin, bras tendus en arrière. Confirmés et athlètes ajoutent un saut à la fin.

COMMENTAIRES :

CIRCUIT À RÉPÉTER : • 3 fois pour les débutants • 4 fois pour les confirmés • 5 fois pour les athlètes
RÉCUPÉRATION : 30 s entre les exercices, 2 mn entre chaque circuit

5 BRAS

RÉPÉTITIONS : • 15 fois • 20 fois • 25 fois

Pieds dans la largeur du bassin, bouteilles en main (0,5 l pour les débutants), jambes et bras pliés, regardez devant vous. Tendez les bras vers l'arrière et ramenez-les devant, pliés.

6 BRAS-JAMBES

RÉPÉTITIONS : • 10 fois • 15 fois • 20 fois

Pieds dans la largeur du bassin, bras tendus sur le manche à balai, effectuez une grande fente avant avec la jambe droite et montez bras tendus en même temps. Alternez.

7 JAMBES

Faites la chaise (30 s pour tous), dos contre le mur, mains sur les genoux. Relevez-vous, faites des quarts de squat, mains croisées devant vous (10 fois pour les débutants, 15 fois pour les confirmés et 20 fois pour les athlètes) puis recommencez la chaise. 15 s pour les débutants, 30 s pour les confirmés et athlètes.

DURÉE : ••• 30 s PUIS • 15 s •• 30 s

8 JAMBES

DURÉE : • 45 s • 1 mn • 1 mn 15 s

Manche à balai derrière la nuque, jambes un peu plus écartées que la largeur du bassin, descendez, regroupez jambes tendues et recommencez.

NOTEZ LA QUALITÉ DE VOTRE SÉANCE : 1 ☐ 2 ☐ 3 ☐ 4 ☐ 5 ☐   DATE : / /

SÉANCE #28

« Hydratez-vous pendant cette séance. »

1 ABDOMINAUX

DURÉE : • 10 s • 15 s • 15 s

Assis, pieds sur les talons, la bouteille (1,5 l pour tous) sur la nuque, levez les pieds et montez les bras tendus avant de les ramener sur la nuque.

2 DORSAUX

DURÉE : • 10 s • 15 s • 15 s

À plat ventre, jambes tendues au sol comme les bras, faites de petits battements avec les mains (les paumes se regardent) sans toucher le sol.

3 GAINAGE

DURÉE (PAR PHASE) : • 10 s • 15 s • 20 s

Abdos et fessiers contractés, bassin rentré, tenez sur les coudes (1 phase), puis sur les bras, puis sur un côté sans toucher le sol avec les genoux et un bras tendu en l'air. Idem de l'autre côté.

4 JAMBES-BRAS

RÉP. (PAR JAMBE) : • 4 fois • 4 fois • 5 fois

Adossé à une chaise (avec coussin), pieds et jambes dans la largeur du bassin, mains croisées sur la poitrine, montez le bassin puis un genou et revenez. Athlètes et confirmés tendent la jambe avant de revenir.

COMMENTAIRES :

CIRCUIT À RÉPÉTER : • 3 fois pour les débutants • 4 fois pour les confirmés • 5 fois pour les athlètes
RÉCUPÉRATION : 30 s entre les exercices, 2 mn entre chaque circuit

5 JAMBES

DURÉE : • 15 s • 20 s • 25 s

Montez, de manière dynamique, les jambes toujours tendues en alternance, orteils relevés vers le haut et gardez le pied léger en le posant au sol.

6 JAMBES

DURÉE : • 15 s • 20 s • 20 s

Espacez 3 torchons d'un pied. Faites 3 appuis à côté du 1er, puis 2 entre le 1er et le 2e. Idem entre le 2e et le 3e puis de nouveau 3 appuis au-delà du 3e. Repartez dans l'autre sens, en rythme.

7 QUADRICEPS

Collé à la chaise, levez la jambe droite, bras tendus devant vous. Comptez 3 s pour descendre et vous asseoir. Reposez la jambe et enchaînez immédiatement un petit saut pieds joints. Recommencez en rythme.

RÉP. (PAR JAMBE) : • 3 fois • 4 fois • 4 fois

8 CARDIO

RÉPÉTITIONS : • 4 fois • 5 fois • 6 fois

Effectuez 10 montées de genoux, puis 6 belles fentes avant dans la foulée et enchaînez sur 10 talons-fesses. Recommencez le mouvement, montez en intensité.

NOTEZ LA QUALITÉ DE VOTRE SÉANCE : 1 ☐ 2 ☐ 3 ☐ 4 ☐ 5 ☐ DATE : / /

SÉANCE #29

" Cette séance est très cardio, aussi n'oubliez-pas de faire un bon échauffement articulaire pour commencer. "

1 ABDOMINAUX

DURÉE : • 15 s • 20 s • 25 s

Sur le dos, tête et omoplates relevées, tendez le manche à balai un peu à l'arrière de la tête. Levez les jambes et faites de petits battements, jambes tendues, sans toucher le sol.

2 DORSAUX

DURÉE : • 15 s • 20 s • 25 s

À plat ventre, fessiers contractés, levez bras, jambes et buste. Ramenez vos bras derrière vous et tenez la position le plus haut possible.

3 GAINAGE

DURÉE : • 20 s • 25 s • 30 s

Abdos et fessiers contractés, bassin rentré, bras tendus, jambes pliées au départ, tendez les jambes et poussez le bassin en arrière en gardant les jambes tendues. Revenez et recommencez.

4 MOLLETS

Jambes dans la largeur du bassin, tenez le manche à balai au-dessus de la tête avec les bras pliés. Descendez les bras en montant en même temps sur les mollets et revenez dans la position initiale.

RÉPÉTITIONS : • 12 fois • 14 fois • 16 fois

COMMENTAIRES :

CIRCUIT À RÉPÉTER : • 3 fois pour les débutants • 4 fois pour les confirmés • 5 fois pour les athlètes
RÉCUPÉRATION : 30 s entre les exercices, 2 mn entre chaque circuit

5 JAMBES-BRAS

Jambes dans la largeur du bassin, bras tendus sur le manche à balai devant vous. Faites une fente avant conséquente avec le pied droit. Montez et tournez en même temps vos bras tendus vers la gauche. Revenez.

RÉP. (PAR JAMBE) : • 5 fois • 7 fois • 9 fois

6 BRAS

Jambes dans la largeur du bassin, montez, bras tendu, le sac à dos lesté de 2 bouteilles de 1,5 l (1 bouteille pour les débutants) et gardez le bras opposé le long du corps. Tenez 0,5 s. Revenez.

RÉP. (PAR BRAS) : • 5 fois • 6 fois • 7 fois

7 CARDIO

DURÉE : • 20 s • 25 s • 30 s

Espacez 4 bouteilles de 2 pieds. À côté de la 1re, faites 3 fentes en appuyant bien sur l'avant du pied. Puis 2 fentes entre la 1re et la 2e, entre la 2e et la 3e et la 3e et la 4e. Puis de nouveau 3 fentes au-delà de la 4e. Repartez dans l'autre sens.

8 CARDIO

DURÉE : • 20 s • 25 s • 30 s

Espacez 2 torchons de la longueur d'un pied. Faites 2 petites montées de genoux entre les deux. À la 3e, écartez la jambe à droite au-delà du torchon. Enchaînez avec 2 montées au milieu et écartez cette fois la jambe à gauche.

NOTEZ LA QUALITÉ DE VOTRE SÉANCE : 1 ☐ 2 ☐ 3 ☐ 4 ☐ 5 ☐ DATE : / /

SÉANCE #30

“ Pensez à contrôler votre respiration. ”

1 ABDOMINAUX

DURÉE : • 20 s • 25 s • 30 s

Assis, levez les pieds. Tournez-vous avec la bouteille (1,5 l) dans les mains à gauche, à droite et au-dessus. Finissez bien bras tendus en l'air. Recommencez.

2 DORSAUX

DURÉE : • 15 s • 20 s • 25 s

À plat ventre, fessiers contractés, jambes tendues au sol, levez les bras tendus sur le manche à balai et faites de petits mouvements de haut en bas. En rythme, sans s'enflammer.

3 GAINAGE

RÉP. (PAR JAMBE) : • 6 fois • 8 fois • 10 fois

Dos droit, bras tendus, jambes pliées sans toucher le sol avec les genoux, allez chercher un appui latéral avec la jambe droite. Idem à gauche, toujours bras tendus.

4 QUADRICEPS

RÉP. (PAR JAMBE) : • 6 fois • 8 fois • 10 fois

Jambes dans la largeur du bassin, regardez droit devant. Mains tendues devant vous, descendez dos droit et, en remontant, allez toucher une main avec un pied (ou un genou).

COMMENTAIRES :

CIRCUIT À RÉPÉTER : • 3 fois pour les débutants • 4 fois pour les confirmés • 5 fois pour les athlètes
RÉCUPÉRATION : 30 s entre les exercices, 2 mn entre chaque circuit

5 BRAS

RÉPÉTITIONS : • 15 fois • 12 fois • 15 fois

Genoux un peu pliés, dos droit, bras tendus sur un sac à dos lesté de 3 bouteilles de 1,5 l (2 pour les débutants), montez le sac jusqu'en haut des pectoraux en inspirant et redescendez tranquillement, bras tendus, en expirant.

6 CARDIO

DURÉE : • 15 s • 20 s • 25 s

Jambes légèrement écartées, effectuez de petits bondissements au-dessus du torchon, en allant très vite au sol et en arrivant sur la pointe ou l'avant des pieds.

7 JAMBES

RÉP. (PAR JAMBE) : • 4 fois • 6 fois • 7 fois

Sac sur le dos lesté de 3 bouteilles de 1,5 l (2 pour les débutants), dos droit, mains sur les hanches. Faites une fente arrière conséquente, descendez le genou sans qu'il touche le sol et ramenez-le devant vous.

8 CARDIO

DURÉE : •• • 30 s

Espacez 2 torchons de 4 pieds. Faites 3 montées de genoux dynamiques sur le côté du 1er. Puis 10 au milieu puis de nouveau 3 sur le côté du 2e. Recommencez dans l'autre sens.

NOTEZ LA QUALITÉ DE VOTRE SÉANCE : 1 ☐ 2 ☐ 3 ☐ 4 ☐ 5 ☐ DATE : / /

SÉANCE #31

“ La satisfaction ne vient pas à ceux qui l'attendent assis. ”

1 ABDOMINAUX

DURÉE : • 15 s • 20 s • 25 s

Mettez-vous sur le dos, tête levée, jambes pliées en l'air et mettez la bouteille sur les chevilles. Touchez, avec les mains, le sol derrière la tête puis la bouteille. Ne descendez pas trop les jambes et essayez de garder la bouteille à l'équilibre. Les débutants peuvent toucher les genoux plutôt que la bouteille.

2 DORSAUX

DURÉE : • 20 s • 25 s • 30 s

Mettez-vous à plat ventre, bras et jambes tendus au sol, la tête étant relevée. Levez la jambe et le bras droits et tenez 1 s. Puis changez de côté.

3 GAINAGE

DURÉE (PAR CÔTÉ) : • 15 s • 20 s • 25 s

Les débutants prennent 1 bouteille de 0,5 l, les autres de 1,5 l. Installez-vous au sol sur le côté, en appui sur le pied et l'avant-bras. Gardez un bon alignement entre le bassin et le buste. Passez la bouteille sous le bras et remontez à l'horizontale, bras plié. Pour les confirmés et les athlètes, à la fin, ils tendent le bras et le ramènent.

4 ISCHIOS-FESSIERS

RÉPÉTITIONS : • 6 fois • 8 fois • 10 fois

Installez-vous dos au sol, les talons sur la chaise, tête posée au sol, bras le long du corps. Montez le bassin en restant sur les talons. En haut, contractez bien les fessiers. Tenez 1 s et redescendez.

COMMENTAIRES :

AVANT DE DÉMARRER LA SÉANCE : mesurez votre progression, faites le test de la planche.
CIRCUIT À RÉPÉTER : • 3 fois pour les débutants • 4 fois pour les confirmés • 5 fois pour les athlètes
RÉCUPÉRATION : 30 s entre les exercices, 2 mn entre chaque circuit

5 BRAS

RÉPÉTITIONS : • 5 fois • 6 fois • 7 fois

Exercice de pompes. Au sol, en appui sur les genoux et les mains, descendez sans toucher, tenez 0,5 s puis poussez.

6 COORDINATION

DURÉE : • 15 s • 20 s • 25 s

Pieds dans l'axe, rapprochez les jambes au maximum. Prenez le manche à balai de part et d'autre, bras tendus. Montez les bras au-dessus de la tête, et en même temps, écartez les jambes. Puis regroupez.

7 QUADRICEPS

RÉP. (PAR JAMBE) : • 6 fois • 7 fois • 8 fois

Asseyez-vous sur la chaise, tendez les bras devant vous avec le balai, soulevez la jambe gauche et levez-vous de la chaise uniquement avec la force de la jambe droite en gardant les bras tendus. Posez la jambe gauche, redescendez tranquillement. Et recommencez. Récupérez 30 s avant de changer de jambe.

8 CARDIO

RÉPÉTITIONS : • 2 fois • 3 fois • 4 fois

Enchaînez 10 montées de genou, un squat, bloquez 0,5 s, 10 talons-fesses, un squat, bloquez 0,5 s et après, 10 montées jambes tendues, orteils relevés vers le haut, un squat, bloquez puis recommencez le mouvement.

NOTEZ LA QUALITÉ DE VOTRE SÉANCE : 1 ☐ 2 ☐ 3 ☐ 4 ☐ 5 ☐

DATE : / /

SÉANCE #32

“ Le corps accomplit ce que l’esprit croit. ”

1 ABDOMINAUX

DURÉE : • 20 s • 25 s • 30 s

Allongez-vous sur le dos. Relevez la tête, montez les bras tendus devant vous et pliez les jambes pour faire un angle à 90°. Dépliez une jambe après l’autre, en gardant celle qui est fixe à 90°, si possible.

2 DORSAUX

DURÉE : • 20 s • 25 s • 30 s

Mettez-vous à plat ventre, jambes tendues. Écartez les bras, relevez les pouces. En contractant légèrement les fesses et en relevant le buste, montez et descendez les bras tendus sans qu’ils touchent le sol.

3 GAINAGE

DURÉE : • 15 s •• 15 s + 15 s

Dans un sac à dos, mettez 1 bouteille d’eau de 1,5 l pour les débutants, 2 bouteilles pour les autres. Installez-vous sur les coudes, jambes tendues, contractez les abdos et les fessiers. Les débutants tiennent 30 s. Les autres tiennent 15 s de manière statique et, pendant les 15 s suivantes, montent les jambes tendues, l’une après l’autre.

4 BRAS

Dans un sac à dos, mettez 1 bouteille d’eau de 1,5 l pour les débutants, 2 bouteilles pour les autres. Prenez le sac au niveau de la lanière supérieure, pieds dans l’axe, jambes écartées largeur de bassin, et monter le bras tendu jusqu’à l’horizontale, dans un angle de 45°, pendant 0,5 s. Récupérez 30 s avant de passer à l’autre bras.

RÉP. (PAR BRAS) : •• 6 fois • 8 fois

COMMENTAIRES :

CIRCUIT À RÉPÉTER : • 3 fois pour les débutants • 4 fois pour les confirmés • 5 fois pour les athlètes
RÉCUPÉRATION : 30 s entre les exercices, 2 mn entre chaque circuit

5 CARDIO

DURÉE : • 20 s • 25 s • 30 s

Alignez 2 torchons au sol, écartés de 2 pieds. Enchaînez des sauts pieds joints, 2 sur le premier côté, 3 dans l'intervalle et 2 à nouveau sur l'autre côté.

6 CHAÎNE POSTÉRIEURE

DURÉE : • 20 s • 25 s • 30 s

Partez bras tendus, en appui sur la chaise, et jambes tendues, bassin sorti. Les débutants montent une jambe après l'autre. Les autres ramènent le genou devant.

7 BONDISSEMENT

DURÉE : • 20 s • 25 s • 30 s

Les 2 torchons sont espacés de 2 pieds. Faites un petit saut vertical. À l'atterrissage, un pied touche la droite. Revenez, refaites un saut et, cette fois, touchez à gauche, puis revenez.

8 COORDINATION-CARDIO

DURÉE : • • • 30 s

Espacez 3 bouteilles d'eau de 3 pieds, posez un torchon au milieu des intervalles. Faites des montées de genou dynamiques, de droite à gauche puis de gauche à droite. Au-dessus des bouteilles, exagérez les montées de genou, au-dessus des torchons, faites de petites montées de genou rasantes.

NOTEZ LA QUALITÉ DE VOTRE SÉANCE : 1 ☐ 2 ☐ 3 ☐ 4 ☐ 5 ☐ DATE : / /

SÉANCE #33

“ Gérez votre effort sans perdre le rythme. ”

1 ABDOMINAUX

DURÉE : •• 25 s • 30 s

Sur le dos, pieds à plat, jambes pliées, tête relevée, montez bras tendus sur les genoux. Confirmés et athlètes montent avec 1 bouteille (1,5 l), un peu au-dessus des genoux.

2 DORSAUX

DURÉE : • 20 s • 25 s • 30 s

À plat ventre, fessiers contractés, jambes tendues au sol, mains sur les côtés, levez la tête et le buste et, bras pliés, faites de petits mouvements de bras de haut en bas.

3 GAINAGE

DURÉE : •• 30 s • 35 s

Abdos et fessiers contractés, bassin rentré, jambes et bras tendus, avancez le bras droit puis le gauche et revenez. Recommencez. Les débutants peuvent seulement tendre le bras puis le plier en alternance.

4 JAMBES

Mains sur les hanches, jambes dans la largeur du bassin, sac à dos lesté (3 bouteilles de 1,5 l ; 2 pour les débutants), faites une fente de côté à gauche et revenez. Alternez. Laissez toujours l’autre pied dans l’axe.

RÉP. (PAR JAMBE) : •• 6 fois • 7 fois

COMMENTAIRES :

CIRCUIT À RÉPÉTER : • 3 fois pour les débutants • 4 fois pour les confirmés • 5 fois pour les athlètes
RÉCUPÉRATION : 30 s entre les exercices, 2 mn entre chaque circuit

5 JAMBES

RÉP. (PAR JAMBE) : •• 6 fois • 7 fois

Sac toujours lesté sur le dos, pieds dans l'axe, jambe droite pliée sur une chaise, montez sur une jambe, l'autre reste tendue. Redescendez. Confirmés et athlètes finissent le geste avec un genou devant, avant de redescendre.

6 JAMBES

RÉPÉTITIONS : •• 10 fois • 12 fois

Jambes un peu plus écartées que le bassin et pliées, dos droit, levez, avec le manche à balai glissé dans les lanières, le sac à dos toujours lesté, jusqu'aux pectoraux. Redescendez.

7 JAMBES-BRAS

DURÉE : • 25 s • 30 s • 35 s

Manche à balai sur la nuque, jambe droite devant et la gauche en arrière, faites 2 fentes dynamiques et changez le sens.

8 JAMBES-BRAS

RÉPÉTITIONS : •• 8 fois • 10 fois

Bras tendus sur une chaise, jambes tendues derrière vous, bassin rentré. Faites un petit saut vers l'avant et regroupez-vous. Puis sautez en l'air. Recommencez. Confirmés et athlètes font le dernier saut, bras tendus en l'air.

NOTEZ LA QUALITÉ DE VOTRE SÉANCE : 1 ☐ 2 ☐ 3 ☐ 4 ☐ 5 ☐

DATE : / /

SÉANCE #34

“ La chaise (N°4), le secret pour des jambes fortes. ”

1 ABDOMINAUX

DURÉE : • 20 s • 25 s • 30 s

Sur le dos, bras tendus sous les fesses, tête relevée, montez jambes tendues et pieds joints. Redescendez sans toucher le sol. Recommencez en gardant un rythme constant.

2 DORSAUX

DURÉE : •• 25 s • 30 s

À plat ventre, jambes tendues au sol, tête et buste un peu levés, bras pliés et levés, posez la bouteille de 1,5 l (1 l pour les débutants) devant vous avec le bras gauche sans toucher le sol. Et reprenez-la avec le bras droit. Posez-la près de vous.Recommencez.

3 GAINAGE

DURÉE : • 25 s • 30 s • 35 s

Abdos et fessiers contractés, bassin rentré, jambes et bras tendus, les débutants lèvent en alternance un bras en l’air devant eux. Les autres font un mouvement circulaire.

4 JAMBES

Plaquez sur le ventre le sac à dos lesté (3 bouteilles de 1,5 l ; 2 pour les débutants). Dos bien plaqué contre le mur, faites la chaise, pieds dans l’axe, jambes à 90°.

DURÉE : •• 30 s • 35 s

COMMENTAIRES :

CIRCUIT À RÉPÉTER : • 3 fois pour les débutants • 4 fois pour les confirmés • 5 fois pour les athlètes
RÉCUPÉRATION : 30 s entre les exercices, 3 mn entre chaque circuit

5 CARDIO

DURÉE : • 20 s • 25 s • 30 s

Espacez 3 torchons d'un pied. Posez-vous à gauche du 1er, faites 2 appuis dans l'intervalle entre le 1er et le 2e, le 2e et le 3e, puis au-delà du 3e. Revenez en un seul bond au-delà du 1er. Recommencez.

6 TRICEPS

RÉPÉTITIONS : • 6 fois • 7 fois • 8 fois

À genoux, pieds, coudes et paumes au sol, bassin rentré. Montez à la force des bras sur vos mains jusqu'à avoir les bras tendus en inspirant et revenez. Même exercice pour les autres avec un sac à dos lesté (1 bouteille pour confirmés, 2 pour les athlètes).

7 JAMBES-BRAS

RÉPÉTITIONS : • 5 fois • 6 fois • 7 fois

Manche à balai sur la nuque, tenez-vous à 4 pieds de la chaise, pied gauche dessus, dos droit. Les débutants montent et descendent tranquillement, en équilibre. Confirmés et athlètes lèvent le manche à balai, bras tendus en l'air à la fin du mouvement.

8 JAMBES

SAUTS : • 8 • 9 • 10

Espacez 2 torchons de 3 pieds (2 pieds pour les débutants). Pieds dans l'axe, jambes légèrement pliées et écartées de la largeur du bassin, sautez au-delà du 2e torchon. Récupérez 2-3 s entre chaque saut.

NOTEZ LA QUALITÉ DE VOTRE SÉANCE : 1 2 3 4 5 DATE : / /

SÉANCE #35

“ Attention, celle-là va piquer un peu. ”

1 ABDOMINAUX

DURÉE : • 15 s • 20 s • 25 s

Sur le dos, jambes pliées, pieds relevés, bouteille (1,5 l) sur les chevilles, touchez le sol avec les mains en arrière, revenez. Accomplissez le geste avec la bouteille, revenez. Récupérez 1 s et recommencez le mouvement complet.

2 DORSAUX

DURÉE : • 20 s • 25 s • 30 s

À plat ventre, jambes tendues au sol, tête et buste un peu levés, bras pliés sur le manche à balai, tendez-le devant vous puis passez-le derrière la tête, sans toucher la nuque et revenez. Gérez bien votre effort.

3 GAINAGE

DURÉE : •• 25 s • 30 s

Abdos et fessiers contractés, bassin rentré, jambes et bras tendus, placez le sac à dos lesté de 3 bouteilles de 1,5 l (2 pour les débutants) sur votre côté gauche. Avec le bras droit, ramenez-le sur votre droite. Idem avec le bras gauche.

4 QUADRICEPS

RÉPÉTITIONS : •• 8 fois • 10 fois

Sac à dos lesté (2 bouteilles, 1 pour les débutants), à genoux, sur la pointe des pieds, bras tendus devant vous, descendez en 3 s, dos droit. Dès que vous sentez la tension dans les quadriceps, remontez à la force des abdos et quadris.

COMMENTAIRES :

CIRCUIT À RÉPÉTER : • 3 fois pour les débutants • 4 fois pour les confirmés • 5 fois pour les athlètes
RÉCUPÉRATION : 30 s entre les exercices, 3 mn entre chaque circuit

5 JAMBES

Placez 2 torchons en croix. Mettez le pied droit devant, le gauche derrière. Mains sur les hanches, sautez en écartant les jambes. Revenez avec le pied gauche devant et le droit derrière. Enchaînez. Confirmés et athlètes le font avec le balai sur la nuque.

DURÉE : • 20 s • 25 s • 30 s

6 BRAS

Jambes un peu fléchies, manche à balai passé dans les lanières du sac à dos lesté (2 bouteilles pour les débutants), montez le manche au niveau des pectoraux et enchaînez bras tendus en l'air. Redescendez tranquillement, bras tendus.

RÉPÉTITIONS : •• 10 fois • 12 fois

7 CUISSES-FESSIERS

RÉP. (PAR JAMBE) : • 5 fois • 6 fois • 8 fois

Proche de la chaise (avec coussin pour les débutants), dos droit, mains sur les hanches, levez une jambe, descendez en 2 s et remontez tout seul, à la force de la jambe au sol. Faites un petit saut. Récupérez 1 s et recommencez.

8 CARDIO

DURÉE : • 20 s • 25 s • 30 s

Espacez 3 torchons de 2 pieds. Genoux un peu fléchis, pieds de part et d'autre du 1er torchon, sautez en latéral au-dessus du 2e puis du 3e. Repartez dans l'autre sens, avec 2 montées de genoux entre les torchons. Recommencez le mouvement.

NOTEZ LA QUALITÉ DE VOTRE SÉANCE : 1 2 3 4 5 DATE : / /

SÉANCE #36

“ Respirer, c'est déjà transpirer. ”

1 ABDOMINAUX

DURÉE : • 20 s • 25 s • 30 s

Sur le dos, levez les jambes tendues, bras tendus derrière la tête avec le manche à balai. Pliez et dépliez les jambes sans toucher le sol.

2 DORSAUX

DURÉE : • 20 s • 25 s • 30 s

À plat ventre, tête et buste un peu levés, jambes tendues au sol (levées pour les confirmés et athlètes), levez les bras tendus devant vous puis sur les côtés. Revenez et recommencez.

3 GAINAGE

DURÉE : • 30 s • 35 s • 40 s

Abdos et fessiers contractés, bassin rentré, levez une jambe et bougez-la, en la gardant tendue, de bas en haut. À la moitié de l'effort, passez à l'autre jambe. Gérez bien votre respiration.

4 BRAS

Un bras tendu sur la chaise, jambes légèrement pliées, dos droit, montez le sac à dos lesté (3 bouteilles de 1,5 l ; 2 pour les débutants) avec l'autre bras à hauteur des pectoraux.

RÉPÉTITIONS : •• 8 fois • 10 fois

COMMENTAIRES :

CIRCUIT À RÉPÉTER : • 3 fois pour les débutants • 4 fois pour les confirmés • 5 fois pour les athlètes
RÉCUPÉRATION : 30 s entre les exercices, 3 mn entre chaque circuit

5 CARDIO

Faites 3 séries de 50 montées de genoux, en augmentant l'allure toutes les 10 montées. Soyez bien dynamique et vif au sol. Récupérez 10 s entre chaque série. Gérez bien votre effort.

RÉPÉTITIONS : ••• 3 fois 50 montées

6 FESSIERS-ISCHIOS

Jambes dans la largeur du bassin, mains en appui sur la chaise, montez la jambe gauche devant vous, avancez le buste et dépliez la jambe droite derrière vous, tendez-la. Tenez 0,5 s. Revenez.

RÉP. (PAR JAMBE) : • 6 fois • 8 fois • 10 fois

7 CARDIO

Jambes serrées, genoux pliés, bras tendus devant vous avec 1 bouteille (1,5 l) dans chaque main, écartez en même temps vos bras tendus et vos jambes (un squat). Revenez toujours bras tendus.

DURÉE : • 20 s • 25 s • 30 s

8 CARDIO

DURÉE : • 20 s • 25 s • 30 s

Espacez 3 torchons de 2 pieds. Faites un appui dans chaque intervalle entre les torchons. Tournez-vous et recommencez en allant à un bon rythme.

NOTEZ LA QUALITÉ DE VOTRE SÉANCE : 1 ☐ 2 ☐ 3 ☐ 4 ☐ 5 ☐ DATE : / /

SÉANCE #37

“ Mettez du rythme pour tous les sauts de cette séance. ”

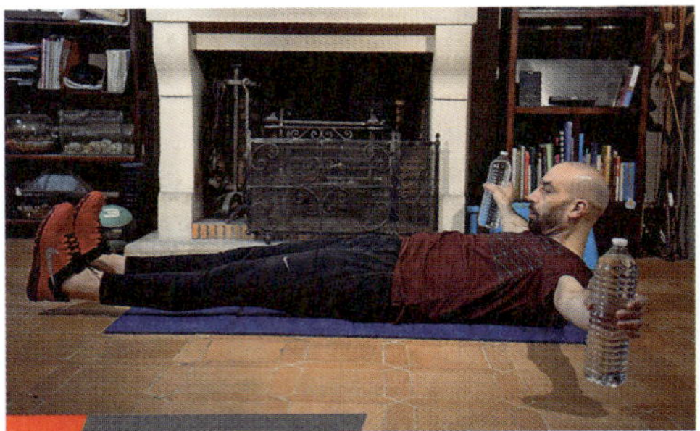

1 ABDOMINAUX

DURÉE : • 15 s • 20 s • 25 s

Allongez-vous sur le dos, une bouteille dans chaque main (0,5 l pour les débutants ; 1,5 l pour les autres), écartez les bras en croix et relevez le buste et les jambes tendues. Tenez l'équilibre sur les fesses, verrouillez bien le dos.

2 DORSAUX

DURÉE : • 20 s • 20 s • 25 s

À plat ventre, jambes tendues au sol, attrapez 1 bouteille dans chaque main coudes pliés (0,5 l pour les débutants, 1,5 l pour les autres), décollez légèrement le buste. Tendez les bras devant vous et ramenez-les. Faites les extensions en mobilisant les fessiers.

3 GAINAGE

RÉPÉTITIONS : • 5 fois • 6 fois • 8 fois

À plat ventre sur le tapis, placez 1 bouteille de 1,5 l (tous niveaux) devant vous. En planche, bras tendus largeur des épaules et jambes dans la largeur du bassin et tendues. Avec le bras droit, avancez la bouteille, puis reprenez position et changez de bras. Alternez les allers-retours sur un rythme régulier.

4 ISCHIOS-FESSIERS

DURÉE (PAR CÔTÉ) : • 20 s • 25 s • 30 s

Allongé sur le dos, pliez les jambes dans la largeur du bassin, pieds bien à plat, bras le long du corps et relevez la tête. Montez le bassin et levez une jambe en la gardant pliée, puis descendez le bassin sans toucher le sol en gardant bien les bras le long du corps.

COMMENTAIRES :

CIRCUIT À RÉPÉTER : • 3 fois pour les débutants • 4 fois pour les confirmés • 5 fois pour les athlètes
RÉCUPÉRATION : 30 s entre les exercices, 3 mn entre chaque circuit

5 POMPES

RÉPÉTITIONS : • 6 fois • 8 fois • 10 fois

À quatre pattes, bras tendus largeur des épaules, relevez et croisez les pieds, amenez le buste vers le sol en pliant les bras, puis remontez. Les confirmés et les athlètes gardent les jambes tendues, largeur du bassin. Gérez votre rythme et la respiration.

6 QUADRICEPS

RÉP. (PAR CÔTÉ) : • 6 fois • 8 fois • 10 fois

Positionnez-vous en fente. Coordonnez vos bras : bras droit devant, bras gauche à l'arrière, coudes pliés. Descendez légèrement et donnez l'impulsion d'un petit saut pour remonter la jambe droite devant. Tendez bien la jambe gauche. Puis changez de jambe.

7 QUART DE SQUAT

RÉPÉTITIONS : • 6 fois • 7 fois • 8 fois

Debout, manche à balai en mains dans la largeur des épaules, descendez en pliant les jambes. Dans cette position, faites deux mouvements de ressort en gardant le dos bien droit, puis remontez en tendant les jambes et en faisant un petit bond vers le haut. Reprenez la position initiale puis recommencez.

8 CARDIO

DURÉE : • 20 s • 20 s • 25 s

Espacez 2 bouteilles d'eau de 4 pieds à l'horizontale. Placez-vous devant 1 bouteille sur un pied et faites un bond latéral jusqu'à l'autre bouteille. Puis revenez de l'autre côté. Pour les confirmés et les athlètes : faites un saut sur place entre chaque bond latéral.

NOTEZ LA QUALITÉ DE VOTRE SÉANCE : 1 ☐ 2 ☐ 3 ☐ 4 ☐ 5 ☐   DATE : / /

SÉANCE #38

" Contrôlez bien les mouvements de flexion des jambes. "

1 ABDOMINAUX

DURÉE : • 25 s • 30 s • 35 s

Les débutants mettent 2 bouteilles d'eau de 1,5 l dans un sac à dos, les autres, 3. Asseyez-vous, partez sur les talons, prenez le sac (les bouteilles ne doivent pas bouger) puis levez les talons et allez de droite à gauche avec le sac sans qu'il touche le sol.

2 DORSAUX

DURÉE : • 20 s • 25 s • 30 s

Les débutants prennent une bouteille d'eau de 0,5 l, les autres de 1,5 l. Mettez-vous à plat ventre, jambes tendues au sol, fessiers contractés. Passez la bouteille d'une main à l'autre sans que les bras, tendus, ne touchent le sol.

3 GAINAGE

DURÉE : •• 25 s • 30 s

Deux bouteilles de 1,5 l dans le sac pour les débutants, trois pour les autres. Bien serrer le sac. Partir bras et jambes tendus, pieds joints. En gardant les jambes tendues, aller à droite avec la jambe droite, à gauche avec la gauche. Puis ramener la droite au milieu, ensuite la gauche et ainsi de suite.

4 SUMO SQUAT

Dans le sac : 3 bouteilles d'eau de 1,5 l pour les débutants, 4 pour les autres. Mettez le sac sur le ventre, écarter les jambes plus que la largeur du bassin, mettez les pieds à 10 h 10, serrez bien le sac contre vous. Le dos droit, regarder devant vous et descendez en 3 s et remontez. Les pieds restent au sol.

RÉPÉTITIONS : •• 10 fois • 12 fois

COMMENTAIRES :

CIRCUIT À RÉPÉTER : • 3 fois pour les débutants • 4 fois pour les confirmés • 5 fois pour les athlètes
RÉCUPÉRATION : 30 s entre les exercices, 3 mn entre chaque circuit

5 FENTES-SQUAT JUMP

DURÉE : • 20 s • 25 s • 30 s

Mettez-vous en position de fente, faites-en une 2ème. Puis mettez-vous en position pour un « squat jump ». Lorsqu'il est réalisé, enchaînez avec les 2 fentes, et refaites l'ensemble. Aucune contrainte avec les bras.

6 BRAS

3 bouteilles de 1,5 l dans le sac pour les débutants, 4 pour les autres. Écartez les jambes, plus que la largeur du bassin, les pieds dans l'axe. Passez le manche à balai dans les lanières du sac. Tenez le sac bras tendus entre les jambes et montez-le en pliant les coudes jusqu'au menton. Freinez-bien à la descente. Le dos reste bien droit.

RÉPÉTITIONS : •• 10 fois • 12 fois

7 CARDIO-COORDINATION (1)

Posez au sol 3 torchons en forme de U. Faites un saut pieds joints vers l'avant, puis un saut pieds joints vers la droite, revenez au centre, faites un nouveau saut vers l'avant. Puis revenez en sautant vers l'arrière, nouveau saut à droite, revenez au centre, saut vers l'arrière au point de départ. Puis recommencez la séquence. Les débutants peuvent doubler le petit saut au milieu.

DURÉE : • 20 s • 25 s • 30 s

8 CARDIO-COORDINATION (2)

Alignez 3 torchons au sol. Faites 2 montées de genou, à la 3ème, touchez de l'autre côté des torchons, puis revenez. Le tout en avançant et en reculant le long des torchons et en gardant une bonne dynamique. L'objectif est de faire 10 mouvements en avant, dix en arrière. Ne vous précipitez pas, gérez votre allure. Vous devez le faire avec les deux jambes.

DURÉE : • 20 s • 25 s • 30 s

NOTEZ LA QUALITÉ DE VOTRE SÉANCE : 1 ☐ 2 ☐ 3 ☐ 4 ☐ 5 ☐ DATE : / /

SÉANCE #39

“ Mettez du rythme pour les 3 exos de cardio. ”

1 ABDOMINAUX

DURÉE : • 20 s • 25 s • 30 s

Sur le dos, jambes tendues au sol, tête et épaules relevées, mains en arrière sur le sol, venez toucher avec elles la chaussure droite puis recommencez et touchez la gauche. Prenez un bon rythme.

2 DORSAUX

DURÉE : • 20 s • 25 s • 30 s

À plat ventre, fessiers contractés, jambes tendues au sol (levées pour les confirmés et athlètes), mains soulevées sous le menton, faites de petits mouvements du buste de bas en haut.

3 GAINAGE

DURÉE : •• 25 s • 30 s

Abdos et fessiers contractés, bassin rentré, bras et jambes tendus, pliez vos jambes sans que les genoux ne touchent le sol. Enchaînez. Confirmés et athlètes lèvent une jambe tendue à la fin du mouvement.

4 JAMBES

Faites la chaise, dos bien plaqué au mur, pieds dans l'axe et le sac à dos posé sur vos genoux et lesté (3 bouteilles de 1,5 l pour les débutants, 4 pour les autres). Tenez 20 s (25 s pour les seuls athlètes). Levez-vous. Jambes légèrement pliées, sautez jambes tendues (5 fois pour tout le monde).

RÉPÉTITIONS : •• 6 fois • 5 fois

COMMENTAIRES :

AVANT DE DÉMARRER LA SÉANCE : mesurez votre progression, faites le test de la planche.
CIRCUIT À RÉPÉTER : • 3 fois pour les débutants • 4 fois pour les confirmés • 5 fois pour les athlètes
RÉCUPÉRATION : 30 s entre les exercices, 3 mn entre chaque circuit

5 BRAS ET JAMBES

Jambes un peu plus écartées que le bassin, mains devant vous, descendez jambes pliées et basculez en posant au sol la main droite devant vous, puis la gauche jusqu'à arriver en position de gainage. Tenez 1 s et revenez, de la même manière, dans la position de départ.

RÉPÉTITIONS : • 6 fois • 8 fois • 10 fois

6 CARDIO (1)

Debout, dos droit, pieds joints, 1 bouteille (0,5 l pour les débutants, 1,5 l pour les autres) dans vos mains jointes près de vous, écartez les jambes tout en tendant les bras devant vous. Ramenez. Prenez un bon rythme.

DURÉE : • 20 s • 25 s • 30 s

7 CARDIO (2)

RÉPÉTITIONS : •• 6 fois • 5 fois

Bras et jambes tendus au sol, en position de gainage, regroupez les jambes devant vous et finissez droit en regardant devant. Confirmés et athlètes ajoutent un petit saut à la fin.

8 CARDIO (3)

Pieds dans l'axe, jambes dans la largeur du bassin, montez le genou gauche et venez le toucher avec le coude droit. Alternez en mettant du rythme.

DURÉE : • 20 s • 25 s • 30 s

NOTEZ LA QUALITÉ DE VOTRE SÉANCE : 1 2 3 4 5 DATE : / /

SÉANCE #40

" Veillez à bien amortir vos réceptions de saut. "

1 ABDOMINAUX

DURÉE : • 20 s • 25 s • 30 s

Sur le dos, jambes tendues, bras tendus le long du corps, tête légèrement levée. Montez une jambe tendue, redescendez sans toucher le sol, montez l'autre. Recommencez. Gérez bien votre effort.

2 DORSAUX

DURÉE : • 20 s • 25 s • 30 s

À plat ventre, fessiers et cuisses contractés, tête et épaules légèrement relevées, mains au sol, levez les jambes tendues et faites de petits mouvements de bas en haut. En rythme.

3 GAINAGE

DURÉE : • 20 s • 25 s • 30 s

Abdos et fessiers contractés, bassin rentré, bras et jambes tendus, effectuez de petites montées de genou très dynamiques. Gérez bien votre effort.

4 JAMBES

RÉP. (PAR JAMBE) : • 6 fois • 8 fois • 10 fois

Mains sur les hanches, faites une fente avant. Enchaînez sur une fente arrière et faites un petit saut sur vos 2 pieds.

COMMENTAIRES :

CIRCUIT À RÉPÉTER : • 3 fois pour les débutants • 4 fois pour les confirmés • 5 fois pour les athlètes
RÉCUPÉRATION : 30 s entre les exercices, 3 mn entre chaque circuit

5 BRAS

RÉPÉTITIONS : •• 6 fois • 8 fois

Dos à la chaise, sac à dos lesté (2 bouteilles de 1,5 l pour les débutants, 3 pour les autres) sur le ventre, jambes tendues devant vous, bras tendus sur la chaise, descendez et remontez bras tendus. Ne partez pas trop vite.

6 CARDIO

DURÉE : • 20 s • 25 s • 30 s

Espacez 3 torchons de 2 pieds. Faites 2 montées de genou entre chaque torchon et revenez en talons-fesses entre chaque torchon. Recommencez.

7 JAMBES

RÉP. (PAR JAMBE) : • 5 fois • 6 fois • 8 fois

Espacez 2 torchons de 2 pieds (1 pied pour les débutants). Dos droit, genoux pliés, jambes dans la largeur du bassin, sautez au-delà du 2e torchon. Atterrissez sur 1 pied et stabilisez. Retournez-vous et recommencez en atterrissant sur l'autre pied.

8 JAMBES

DURÉE : • 20 s • 25 s • 30 s

Jambes dans la largeur du bassin, genoux légèrement pliés, sautez avec l'aide de vos bras et tournez-vous vers la gauche en même temps. Descendez bien et retournez dans la position initiale. Cette fois, tournez à droite. Amortissez bien vos réceptions.

NOTEZ LA QUALITÉ DE VOTRE SÉANCE : 1 ☐ 2 ☐ 3 ☐ 4 ☐ 5 ☐ DATE : / /

SÉANCE #41

" Restez bien gainé pendant toute cette séance. "

1 ABDOMINAUX

DURÉE : •• 20 s • 25 s

Dos au sol, pieds à plat, jambes pliées, tête et épaules légèrement levées, main gauche pliée devant vous (avec 1 bouteille de 1,5 l pour les confirmés et athlètes), main droite sur la poitrine. Montez le buste en finissant le geste avec le bras tendu. Redescendez et alternez.

2 DORSAUX

DURÉE : •• 25 s • 30 s

À plat ventre, fessiers contractés, buste, tête et épaules légèrement relevées, tendez les bras devant vous sur la bouteille (0,5 l pour les débutants). Balancez-la, de droite à gauche, et inversement. Confirmés et athlètes lèvent, eux, leurs jambes tendues.

3 GAINAGE

DURÉE : • 25 s • 30 s • 35 s

Abdos et fessiers contractés, bassin rentré, bras et jambes tendus, montez le genou droit vers l'extérieur, bras toujours tendus. Alternez. Confirmés et athlètes exagèrent la montée de genou et plient les bras. Revenez.

4 CUISSES

RÉP. (PAR JAMBE) : • 6 fois • 8 fois • 10 fois

Bouteilles de 1,5 l dans les mains, tenez-vous à 3 pieds de la chaise et posez le pied gauche dessus. Bras tendus, dos droit, descendez en 2 s et remontez en 1 s. Regardez droit devant vous.

COMMENTAIRES :

CIRCUIT À RÉPÉTER : • 3 fois pour les débutants • 4 fois pour les confirmés • 5 fois pour les athlètes
RÉCUPÉRATION : 30 s entre les exercices, 3 mn entre chaque circuit

5 FESSIERS

RÉPÉTITIONS : •• 10 fois • 12 fois

Allongé, sac à dos lesté (2 bouteilles de 1,5 l pour les débutants, 3 pour les autres) et plaqué sur le ventre, talons sur la chaise, tête levée, montez le bassin le plus haut possible. Tenez 1 s, redescendez. Enchaînez.

6 CUISSES

DURÉE : •• 25 s • 30 s

Espacez 2 torchons de 3 pieds. Genoux pliés, jambes dans la largeur du bassin, bouteilles en main (1,5 l). Confirmés et athlètes, sautez au-delà du 2e torchon. Faites une petite course en arrière pour revenir au départ. Recommencez.

7 MOLLETS

RÉP. (PAR JAMBE) : •• 10 fois • 15 fois

Sac lesté (2 bouteilles de 1,5 l pour les débutants, 3 pour les autres) sur le dos, tenez-vous à 4 pieds du mur, bras tendus dessus, bassin rentré. Montez la jambe gauche pliée en relevant la pointe du pied vers vous et montez brièvement sur la pointe du pied droit.

8 CARDIO

DURÉE : • 20 s • 25 s • 30 s

Espacez 2 torchons de 1 pied. Placez-vous au milieu, pieds joints, bras tendus devant vous. Faites 2 sauts, jambes tendues, puis écartez en position de quart de squat. Faites 2 sauts dans cette position et revenez pieds joints. Recommencez.

NOTEZ LA QUALITÉ DE VOTRE SÉANCE : 1 ☐ 2 ☐ 3 ☐ 4 ☐ 5 ☐   DATE :   /   /

SÉANCE #42

« Tout se passe hors de ta zone de confort. »

1 ABDOMINAUX

DURÉE : • 20 s • 25 s • 30 s

Sur le dos, jambes pliées et ramenées vers vous, tête et épaules légèrement levées, montez les bouteilles (1,5 l) de haut en bas en gardant les bras tendus, sans jamais leur faire toucher le sol.

2 DORSAUX

DURÉE (PAR BRAS) : • 10 s • 15 s • 20 s

À plat ventre, abdos et fessiers contractés, jambes au sol (levées pour confirmés et athlètes), tête relevée, un bras dans le dos, l'autre au milieu du manche à balai tendu devant vous. Faites de petits mouvements de bas en haut sans toucher le sol.

3 GAINAGE

DURÉE : • 40 s • 1 mn • 1 mn 15 s

Abdos et fessiers contractés, bassin rentré, jambes tendues, tenez bien sur les coudes en gérant votre respiration.

4 BRAS

Jambes dans la largeur du bassin, genoux légèrement pliés, sac à dos lesté (2 bouteilles de 1,5 l pour les débutants, 3 pour les confirmés, 4 pour les athlètes), montez-le, bras tendus, en serrant le manche à balai avec la paume des mains vers le haut. En haut, ouvrez vos mains, tenez 0,5 s, redescendez.

RÉPÉTITIONS : • 8 fois •• 10 fois

COMMENTAIRES :

CIRCUIT À RÉPÉTER : • 3 fois pour les débutants • 4 fois pour les confirmés • 5 fois pour les athlètes
RÉCUPÉRATION : 30 s entre les exercices, 3 mn entre chaque circuit

5 JAMBES

RÉP. (PAR JAMBE) : • 6 fois • 7 fois • 8 fois

Espacez 2 torchons de 2 pieds (1 pied pour les débutants). Sac sur le dos lesté comme précédemment, mains sur les sangles, jambes dans la largeur du bassin, faites une fente avant, posez brièvement le genou au sol, revenez. Alternez.

6 JAMBES-BRAS

RÉPÉTITIONS : • 5 fois • 6 fois • 8 fois

Jambes écartées un peu plus que la largeur du bassin, pieds à 10h10, sac à dos lesté (3 bouteilles de 1,5 l pour les débutants, 4 pour les autres) devant vous, bras pliés sur les côtés du sac, descendez et remontez jusqu'à tendre les bras en l'air.

7 CARDIO

DURÉE : • 20 s • 25 s • 30 s

Faites un carré avec 4 torchons, sautez à pieds joints devant. Revenez au milieu puis enchaînez les sauts sur le côté droit, derrière et à gauche en revenant toujours au milieu entre chaque. Pour les débutants, sautez 2 fois au milieu à chaque fois.

8 CARDIO

RÉPÉTITIONS : • 2 fois • 3 fois • 4 fois

Faites 10 petites montées de genoux. Puis en position de squat, sautez 4 fois en maîtrisant bien votre réception. Enchaînez sur 4 fentes. Recommencez tout le mouvement.

NOTEZ LA QUALITÉ DE VOTRE SÉANCE : 1 ☐ 2 ☐ 3 ☐ 4 ☐ 5 ☐ DATE : / /

SÉANCE #43

“Pas de délice sans supplice.”

1 ABDOMINAUX

DURÉE : • 20 s • 25 s • 30 s

Prenez 2 bouteilles d'eau de 1,5 l. Mettez-vous sur le dos, jambes pliées. Tenez les bouteilles, bras tendus, derrière la tête, sans qu'elles touchent le sol. Ramenez-les devant vous, toujours bras tendus, et en même temps, ramenez une jambe. Remettez-vous en position et répétez les gestes avec l'autre jambe.

2 DORSAUX

DURÉE : • 25 s • 30 s • 35 s

Mettez-vous à plat ventre, jambes tendues au sol. Prenez le manche à balai, pliez les bras puis tendez-les et montez-les. Revenez à la position initiale et recommencez.

3 GAINAGE

DURÉE : • 25 s • 30 s • 35 s

Partez bras et jambes tendus, abdos et fessiers contractés, bassin rentré. La main droite va toucher le dos pendant 1 s puis revenez à la position initiale. Refaites la même chose avec la main gauche. Les débutants peuvent mettre brièvement la main plutôt sur la cuisse.

4 CARDIO

DURÉE : • 20 s • 25 s • 30 s

Positionnez-vous pieds dans l'axe en serrant les jambes. Tenez les bouteilles d'eau (1,5 l tous niveaux), bras tendus, de part et d'autre. Écartez les jambes avec un petit saut et en même temps, écartez les bouteilles, toujours bras tendus. Et enchaînez.

COMMENTAIRES :

CIRCUIT À RÉPÉTER : • 3 fois pour les débutants • 4 fois pour les confirmés • 5 fois pour les athlètes
RÉCUPÉRATION : 30 s entre les exercices, 3 mn entre chaque circuit

5 BRAS

RÉPÉTITIONS : • 6 fois • 8 fois • 10 fois

Partez bras tendus en appui sur la chaise, et jambes tendues, le bassin rentré. Faites une montée du genou gauche, une autre du genou droit et descendez en faisant une pompe. Puis enchaînez. Les débutants peuvent faire 1 demi-pompe.

6 CUISSES-BRAS

RÉPÉTITIONS : •• 10 fois • 12 fois

Dans le sac à dos, les débutants mettent 2 bouteilles d'eau de 1,5 l, les autres 3. Pieds dans l'axe, écartés un peu plus que la largeur du bassin. Tenez le sac avec la lanière supérieure, pliez un peu les genoux. Faites remonter le sac devant vous puis faites-le descendre entre les jambes, toujours bras tendus. Regardez devant vous, le dos reste droit.

7 CARDIO

Espacez les 3 torchons d'un pied. Partez latéralement vers la droite, en faisant 2 montées de genou dans l'intervalle. Arrivé au bout, ne prenez qu'un appui, bloquez, et repartez dans l'autre sens.

DURÉE : • 20 s • 25 s • 30 s

8 BONDISSEMENTS

DURÉE : • 20 s • 25 s • 30 s

Pieds dans l'axe, écartés largeur de bassin. Pliez légèrement les genoux pour être en position de quart de squat. Utilisez les bras pour bondir vers l'avant et revenez avec 3 petits sauts très dynamiques.

NOTEZ LA QUALITÉ DE VOTRE SÉANCE : 1 ☐ 2 ☐ 3 ☐ 4 ☐ 5 ☐

DATE : / /

SÉANCE #44

" Au début, ils vous demanderont pourquoi vous faites ça, après ils vous demanderont comment vous avez fait. "

1 ABDOMINAUX

DURÉE : • 25 s • 30 s • 35 s

Allongez-vous sur le dos, jambes tendues, les bras tendus le long du corps. Relevez la tête, montez un genou et levez un peu la jambe qui est restée tendue. Faites ensuite le pédalo, une jambe étant tendue quand l'autre est pliée.

2 DORSAUX

DURÉE : • 20 s • 25 s • 30 s

Mettez-vous sur le ventre, jambes tendues, prenez le manche à balai. Relevez le buste, les bras, contractez bien les fessiers. Tendez les bras puis au retour, placez le manche derrière la tête. Revenez bras tendus et enchaînez.

3 GAINAGE

DURÉE (PAR POSITION) : • 10 s • 15 s • 20 s

Contractez les abdos, les fessiers et mobilisez le bassin. 1e position : bras et jambes tendus. Tenez la durée d'efforts indiquée. 2e position : tenez sur les coudes. Une fois la durée écoulée, mettez-vous en position latérale sur le coude droit, sans que le genou ne touche le sol et en vous équilibrant avec le bras gauche. Une fois le temps écoulé, mettez-vous sur le coude gauche en vous équilibrant avec le bras droit.

4 ISCHIOS-FESSIERS

RÉPÉTITIONS : •• 6 fois • 8 fois

2 bouteilles d'eau de 1,5 l dans le sac à dos pour les débutants, 3 pour les autres. Mettez une petite couverture de protection sur la chaise, bien calée contre un mur. Mettez le sac bien serré sur le ventre et installez-vous avec le haut du dos en appui sur la chaise, les jambes pliées, les pieds dans l'axe. Montez bien pour ressortir le bassin et enchaînez. Contractez bien les fessiers à la fin du mouvement.

COMMENTAIRES :

CIRCUIT À RÉPÉTER : • 3 fois pour les débutants • 4 fois pour les confirmés • 5 fois pour les athlètes
RÉCUPÉRATION : 30 s entre les exercices, 3 mn entre chaque circuit

5 BRAS

RÉP. (PAR BRAS) : • 5 fois • 6 fois • 7 fois

1 bouteille d'eau dans le sac pour les débutants, 2 pour les autres. Partez pieds dans l'axe, jambes écartées largeur de bassin. Regardez devant vous. Prenez le sac avec la lanière supérieure, montez-le bras tendu sur le côté, tenez 0,5 s, passez-le devant vous, toujours bras tendu, puis redescendez.

6 CHAISE-SQUATS

DURÉE : • 10 s + 5 s • 15 s + 10 s • 20 s + 15 s

Installez-vous contre un mur façon chaise, pieds dans l'axe. Posez les mains sur les cuisses et tenez la durée indiquée. Puis levez-vous et mettez-vous en position pour faire des squats. Pieds dans l'axe, jambes écartées largeur de bassin, et descendez puis remontez. Une fois 5 squats réalisés, remettez-vous contre le mur dans la position de la chaise et tenir la nouvelle durée.

7 CARDIO

Mettez-vous en fente, sur l'avant des pieds, regardez devant, utilisez ses bras et enchaînez les fentes larges. La jambe arrière est toujours tendue.

DURÉE : • 20 s • 25 s • 30 s

8 BURPEES

RÉPÉTITIONS : • 4 fois • 6 fois • 8 fois

Partez jambes et bras tendus, comme pour un gainage. Contractez les abdos et les fessiers et regroupez devant. Faites alors un saut jambes tendues en finissant avec les bras au-dessus de la tête. Puis recommencez.

NOTEZ LA QUALITÉ DE VOTRE SÉANCE : 1 ☐ 2 ☐ 3 ☐ 4 ☐ 5 ☐ DATE : / /

FAQ et nutrition

Parce que beaucoup d'entre vous m'ont interrogé pendant le premier #Boblequipechallenge, voici un certain nombre de réponses aux questions que j'ai reçues le plus souvent pour vous aider à accomplir votre défi.

LE TIMING

À quel moment de la journée vaut-il mieux commencer une séance ? Y a-t-il une heure où les exercices sont plus bénéfiques qu'une autre ?
Il n'y a pas d'heure meilleure qu'une autre. Je laisse les participants libres de débuter le challenge au moment où ils l'ont choisi. Matin, midi, soir... peu importe. L'objectif, c'est de choisir le moment où on se sent prêt, physiquement et psychologiquement, à exécuter les séances en restant bien concentré sur l'effort. Je préconise en général d'installer un rendez-vous régulier pour la séance mais l'important c'est bien de la faire. Donc un jour le matin un autre le soir, pourquoi pas ? Essayez seulement de préserver un temps de récup' suffisant entre deux séances, donc au moins douze heures.

Le #Boblequipechallenge peut-il se faire à plusieurs ?
C'est une très bonne formule. C'est bon sur le plan psychologique pour se motiver, s'encourager. Mais c'est également bénéfique au niveau physique car le fait d'avoir cette émulation va nous pousser à sortir de cette zone de confort où on a tendance à rester quand on est seul.

Est-ce que c'est gênant si on ne va pas au bout des exercices ?
Vous aurez peut-être besoin de temps pour accomplir les séances complètement avec le nombre de répétitions prévu au départ pour chaque exercice. Ce n'est pas grave de ne pas y arriver dès le départ. En revanche, ce qui est très important, c'est d'aller jusqu'au bout de l'effort. Concentrez-vous sur votre effort, sur votre respiration pour pousser l'exercice le plus loin possible. Pour les abdos, le gainage, les dorsaux, c'est très important.

LES COURBATURES / LES BLESSURES

Est-ce que je risque d'avoir des courbatures ?
Oui. Et c'est normal. Vous allez solliciter votre organisme différemment de ce à quoi il est habitué. Il y a une réaction normale du corps qui envoie des signaux de cette façon. C'est l'inverse qui ne serait pas normal. Ce qu'il faut comprendre, c'est que les courbatures vont diminuer avec la fréquence des séances. Si par exemple, vous faites une séance tous les deux ou trois jours, les courbatures vont disparaître dès la séance 5 ou 6. En revanche, si vous espacez trop les séances, l'organisme va reprendre son fonctionnement habituel et vous aurez toujours des courbatures. Ce qui va faire la différence, c'est la régularité et la progressivité dans l'échelonnement des séances.

Que faire en cas de douleur pendant un exercice ?
Il faut essayer de bien faire la différence entre la gêne musculaire et la douleur. Solliciter ses muscles, c'est normal, c'est même le but. Mais à partir du moment où on a mal au point de ne pas pouvoir exécuter et répéter un exo car il engendre une douleur aiguë, il faut stopper tout de suite l'exercice et prendre rendez-vous avec un médecin. Lui seul pourra identifier l'origine de la douleur et la façon de la traiter.

Comment savoir si j'exécute correctement les exercices ?
Pour être certain d'adopter la bonne posture, je conseille, avant de commencer le challenge, de répéter lentement chaque exercice en dissociant tous les mouvements. Repérez-vous bien avec la photo du livre pour avoir en tête la bonne posture. Pour avoir le mouvement en dynamique, vous pouvez voir la vidéo produite pour chaque séance en scannant le QR code. Vous pouvez également vous filmer pour comparer. Ça ne sera jamais exactement le même mouvement que moi (personne n'a la même taille ni la même corpulence) mais vous verrez facilement si vous réussissez bien le geste.

Que faire si j'ai un coup de barre pendant une séance ?
Je ne préconise pas d'arrêter. C'est un risque de fuite en avant vers l'abandon complet du challenge. Je conseille plutôt de prendre davantage de récup' entre les tours pour pouvoir repartir sur un autre tour dans de meilleures conditions et le finir. Mieux vaut prendre plus de temps mais

finir la séance en augmentant l'intensité à chaque tour que de partir à fond et tout arrêter en cours de route.

Et si je suis malade ou blessé ?
En cas de blessure ou de maladie pas de #Boblequipechallenge. C'est un programme de renforcement musculaire où il faut être en capacité physique d'enchaîner 8 exercices sur plusieurs tours. La récupération, le repos font partie du challenge et on ne prend surtout, surtout aucun risque avec son intégrité physique.

Si, pour des raisons musculaires ou articulaires par exemple, je bloque sur un exercice ou ne peux pas le faire parfaitement...
Dans ces cas-là, je conseille d'essayer de se rapprocher le plus possible de ce que je demande. Par exemple, si je demande 10 pompes et que vous n'y arrivez pas jusqu'au bout alors, pas de problème, faites-les avec les genoux au sol. Mais faites 10 pompes ! Dans le cas d'une mobilité articulaire réduite, je conseille aux gens de faire au maximum en fonction de leurs moyens. Le facteur limitant, ça va être la douleur. Il ne faut pas aller au-delà.

Comment intégrer la natation dans le #Boblequipechallenge ?
La natation, en tant que sport d'endurance, est un parfait complément d'un programme de renforcement musculaire comme le #Boblequipechallenge. Footing, vélo, natation... sont des sports à la filière énergétique aérobie qui se marient très bien avec la PPG. Et si votre sport de prédilection est un de ceux-là, alors le #Boblequipechallenge est une super plus-value car il va permettre de renforcer vos abdos, vos ischio, vos quadriceps et vous serez plus performant dans votre discipline. Vous progresserez. Attention cependant à l'ordre dans lequel vous enchaînez les sports. Mieux vaut commencer avec la natation et terminer avec une séance du #Boblequipechallenge.

Il y a une séance en couple. Si jamais on est seul ce jour-là ?
À ce moment-là, mieux vaut switcher avec une autre séance, répéter la précédente par exemple, car cette séance en couple n'est pas facile à exécuter seul.

Y a-t-il un risque de prendre trop de masse musculaire ?
Non. Les exercices sont essentiellement faits à poids de corps. L'objectif est le renforcement musculaire, pas de devenir un body-builder.

Est-il possible de se lancer dans le #Boblequipechallenge si je suis enceinte ?
Je ne le conseillerais pas. Mieux vaut faire de la natation, de la marche, des séances d'étirement. Évitez la course en raison des chocs et ne vous lancez pas dans des efforts cardio intensifs, des montées de genoux ou de bras où vous risqueriez de vous blesser.

L'ALIMENTATION

Peut-on faire une séance à jeun ?
C'est possible en effet, en particulier le matin. L'avantage est d'éviter tous les problèmes liés à la digestion au cas où vous feriez la séance rapidement sans attendre d'avoir assimilé votre petit déjeuner. Mais attention, il faut bien se connaître et avoir ingéré suffisamment de glucides la veille. Il faudra aussi veiller à beaucoup s'hydrater pendant la séance et bien se réalimenter après. Il est important de « resucrer » l'organisme avec des glucides afin qu'il puisse se régénérer convenablement.

Comment bien s'hydrater ?
Il est important de commencer à boire avant la séance. Ne pas attendre d'avoir soif pour boire de l'eau, plate de préférence, environ une demi-heure avant la séance. Pendant le challenge, il faut boire à petites gorgées pendant les récups entre les séries d'exercices. Pendant les exercices on n'aura pas le temps et on sera essoufflé. Il faut bien boire aussi dès la fin de la séance et pendant plusieurs heures pour éliminer les toxines liées à l'activité physique. De l'eau minérale, riche en sels minéraux, sera la bienvenue afin de permettre à l'organisme de compenser ses pertes. L'indicateur d'une bonne hydratation est la couleur de l'urine. Plus elle est foncée, plus il faut s'hydrater pour éliminer les toxines.

Y a-t-il des aliments à éviter ?
Il faut bannir tout ce qui est friture et plats en sauce, boissons sucrées et sucres industriels. Essayez d'avoir une alimentation variée et saine en particulier avant et après les séances afin d'avoir l'énergie nécessaire pour réaliser la séance. Les fruits sont le meilleur apport en sucre.

Comment organiser ma prise alimentaire au cours de la journée ?
Chacun doit faire en fonction de son emploi du temps (chargé) et de ses possibilités – idéalement, pour manger intelligemment, je préconise un bon petit déjeuner. Une petite collation vers 10 h 30, un déjeuner varié avec des protéines, des légumes et un petit apport de glucide, une petite collation avec un fruit en milieu d'après-midi et puis le soir, après la séance de sport, il faut manger suffisamment pour reconstruire l'organisme. C'est une affaire d'organisation.

Et l'alcool ?
L'alcool et le sport ne font pas bon ménage. C'est moins gênant quand on s'adresse à des gens qui ne sont pas sportifs de haut niveau. Tant qu'à faire, il faut éviter la prise d'alcool avant et juste après une séance, c'est certain. Si vous avez de l'alcool dans le sang pendant une séance, vous risquez déjà une perte de vigilance pendant les exercices et ça peut devenir dangereux et vous accentuez le risque de blessure.

SOLAR EDITIONS

Direction : Jean-Louis Hocq
Direction éditoriale : Jean-Philippe Bouchard
Maquette intérieure et couverture : L.K.
Fabrication : Emmanuelle Laine
Photogravure : Graphium

L'ÉQUIPE

Édition : Laurence Gauthier
avec Jean-Christophe Bassignac

Crédits photographiques
Aïda Touihri (Séance n°1)
Alain Mounic, Bernard Papon/*L'Équipe*